# 正义的成本

当法律遇上经济学

熊秉元 著

东方出版社

# "熊"出书，"鹤"作序
## ——慧见法律经济学

北京大学法学院　贺卫方

2011年，熊秉元先生曾做过一件事情，无意中牵扯到了我。他利用在中国大陆几所大学教学的机会，让选修课程的硕士生和博士生将他的文章作为一个参照，再选择另外一位学者，在两者之间作比较。"比较的重点有二：在处理的主题上，两人异同如何？在分析问题的方法上，两人又是如何取舍？"

在后来发表的一篇题为"熊出没，鹤守门"——我的博客取名"守门老鹤"——的文章里，熊先生说："令我意外的是，几个不同学校里，绝大多数的同学都选了贺卫方。"看到这里，我更是大感意外：为什么是我？也许跟我和熊先生都属于那种热衷对现实问题发表看法的学者有关。另外，虽然在法学界也有一些学者研究法律经济学，但我个人却从来未敢涉足过这个领域。所以，"熊"与"鹤"就容易成为足以形成较大反差的比对样本。我很关心学生们比较的结果，熊先生在评论中这样总结道：

> 学生交的报告，内容五花八门，甚至对姓氏名称发挥联想：熊代表积极攻击，而鹤代表稳健守成；熊在山林出没，而鹤在天际翱翔！不过，针对作业要求，报告内容都言之有物。两人文章的涵盖面虽有不同，但都涉

及司法制度和死刑存废等。两人之间的差异，并不特别明显。

在论述和分析方式上，两人则是迥然不同。和大多数法律学者一般，贺卫方采取的是规范式论述，先标明一些理念，再以理念处理个案。我的方式，则是让事实来说话，基本上不作价值判断。吉林大学法学院的一组报告，让我眼睛一亮。他们把两位作者同一时期的文稿，辑成两个大文档；然后计算在文档里，两人各自用了多少规范式的字眼，如"我认为、我觉得、我想、应该"等等。统计结果，大概是1∶15；我很少用规范性的字眼，而贺卫方笔下有浓厚的主观价值。这种差异反映了两个学科的特质，也反映了两位作者有意无意的取舍。①

学生们的这些观察让我很感兴趣，也不免反思自己分析问题的方法以及法学与经济学之间的异同。事实上，即便不说古罗马，从最早的近代型大学博洛尼亚大学初创法学算起，法学作为一个学科的历史也有将近千年了。在一般大学专业分类里，法学系科也经常被列入社会科学院系之中。但是，它的科学特质却很难与后起的经济学相比较。在英语世界里，很少有人将法学称为"legal science"。相反，古罗马伟大法学家乌尔比安引用的塞尔苏斯的那句话倒是听起来更称心合意——"法律是公正与善良的艺术"。

---

① 详情：http://www.aisixiang.com/data/42340.html

从一个法律学者的角度看，两个学科之间产生这种差异有多方面的原因。首先是语言，经济学已经发展出一套全球范围内基本统一的话语系统，诸如"交易成本"、"机会成本"、"社会成本"、"理性自利"、"效用函数"、"效用最大化"、"重复博弈"、"外部性"等等。不仅如此，晚近以来，经济学家更是经常用数学作为分析工具，从而更强化了这种语言的同一性。但是，法学却不然。由于它是随着不同文明的法律发展而生成，因而，不同地方的法学家使用很不相同的概念、分类和相关的话语。即便同属西方文化圈，英国与法国的法学家若要对话常常很困难，因为他们分属于两个不同的法系（legal family）。比较法学家达维（R. David）就明确地说，法国的行政法（droit administratif）根本不能用英语"administrative law"作为对等的翻译。与此同时，英国土地法的许多概念及其相互关系在欧陆法学家看来，简直就是一团乱麻。但是，经济学却只有不同的学术思想流派，而没有类似的区域性"经济学家族"存在。

两个学科不同的第二个原因是它们的使命有所差异。经济学更多的是对于人的行为作出解释，当然它也会作出一些制度优劣的论证，但整体而言，它更加理性和客观。然而法学则带有更强烈的建构性。尤其是当构成法治国家的底限标准在法学界达成某种共识之后，无论身处何地，法学家的重要任务就是以法治的基本价值与准则为前提，采取批判的立场，对于现实立法以及司法过程中的缺陷加以揭示，分析其根源，寻找合理的解决之道。熊先生提到我的写作更多地从规范出发，以理念处理个案，也许原因正在这里。

两个学科之间产生差异的原因当然还可以举出一些，不过，差异之外，我们还需要关注它们相通和相容的面向。在过去的半个世纪里，经济学和法学之间出现了一种良性的互动。一个特别喜人的发展就是法律经济学（Law and Economics）的成长与壮大。按照熊先生的说法，这是"经济学帝国主义"在对外"征服"过程中获得的最高成就。他曾经研究何以经济学无法对诸如社会学或政治学产生这样大的影响。我粗浅的看法是，如何在实现正义——这是法学的最高价值目标——的过程中降低成本，乃是法学的一个古老追求。熊先生在书中提到卡多佐以可预见性学说（the forseeability doctrine）作为某个判决的重要理由，法律的解释与适用必须确立特定行为效果的稳定预期，这种可预期性（predictability）对于那些不在法庭中的人们也具有相当的影响。在从事契约签订时不必心存侥幸；在寻求损害赔偿时未必一定要对簿公堂。法治之所以优于人治，也许并不在于每一起个案都更公正，而是通过规则的不断再生产而强化行为规范及其法律效果的确定性，降低交易成本，使自由得以增长的同时，社会又具有良好的秩序，经济发展也有更好的绩效。

　　可以说，经济学家关注和研究法律与法学是亚当·斯密以来的老传统了。亚当·斯密有专门论法律的演讲，他还提出一国财富增长的三个条件，即和平、便利的税收以及具有包容性的司法（peace, easy taxes and a tolerable administration of justice）。关于"具有包容性的司法"，按照两位当代学者的解释，是指足以确保契约以及财产权依据法治原则得以履行和保障的法律设置（Timothy Besley and Torsten Persson, *Pillars of Prosperity*, Princeton

University Press, 2011）。晚近的学者，如哈耶克、波斯纳这样的人物，已经很难界定究竟是经济学家还是法学家了。

今天，在不少法律经济学的大部头著作已经被翻译为中文出版的时候，熊秉元先生这本篇幅不大的著作能够在大陆问世具有别样的意义。作者用他在经济学和法学深厚的双边造诣、充满慧见的叙述、俯拾皆是的生动例证以及清雅简约、款款道来的文笔，让我们在愉快的阅读中得以对法律经济学一窥堂奥。尤其是对于法学院的师生和法律实务家来说，更是不可多得的引人入门且引人入胜之作。

熊先生提到我的文章题为"熊出没，鹤守门"，这次他和东方出版社邀我作序，"守门老鹤"当真站到了他的大著"门口"，"熊"出书，"鹤"作序，守门者实为开门人，这是多么荣幸的角色。花径未扫，柴扉已开，欢迎各位光临，欣赏这满园春色吧！

2014 年 4 月 1 日

# 当法律遇上经济学

# 第一章

## 法学干卿底事？

当法律和一般民众的实际行为有落差时，压抑已久的积怨，就会像山洪般地宣泄而出。如克林顿绯闻案。

过去在美国读研究所时，我的博士论文和主流的信息经济学有关。回到台湾的母校开始任教之后，也许是因为环境里的步调较慢，所以我稍有闲情逸致，就开始接触其他的研究领域。

　　最先接触的，是以布坎南（James M. Buchanan）为主的"公共选择"（public choice）学派；这是以经济学的分析架构，探讨政治现象，也可以称为是"新政治经济学"。而后，又看了一些社会学的文献，特别是科尔曼（James Coleman）的论著。他曾任美国社会学会的会长，长期在芝加哥大学任教；和诺贝尔奖得主贝克尔（Gary Becker）是老友，也是把经济学的"理性选择模型"（rational choice model）带进社会学的学术巨擘。然后，因缘际会，我开始接触科斯（Ronald Coase）和波斯纳（Richard Posner）等人的著作；他们都是为"法律经济学"（law and economics）奠基的重要人物，而这个新兴领域还正方兴未艾。

无论是公共选择、社会经济学或法律经济学，我都是边读边教、也边写论文。在这一趟智识之旅上，我觉得一路走来，美不胜收；不过，直到碰上法律经济学，我自觉大概终于找到了安身立命之处。心情上有很扎实的感觉，在研究上似乎也容易得到共鸣。

## 问了个好问题

在智识的追求上，我自觉是很幸运的人。因为，自1960年起，经济学开始向政治、社会、法学等领域扩展。经过三四十年的发展，都已经有很丰硕的成果；在当初发展时我虽然没有机会身临其境，但是却能在布坎南、科斯、贝克尔等人的有生之年，享受他们智慧的结晶。而且，除了眼睁睁地看着他们得到诺贝尔奖之外，还有幸和他们中的几位有书信往来。

因为有这种背景，所以我偶尔会琢磨比较，经济学向不同领域扩展的轨迹和成果。毫无疑问，在"经济学帝国主义"的攻城掠地里，法律经济学的成果最为丰硕。这是为什么呢？经济学对其他领域的探讨，都是在1960年左右开始；可是，为什么是"法律经济学"绽放出最鲜美的花朵？

在文献上，有好几篇"综论"（review article）性的文章，回顾法律经济学的发展过程。这些作者几乎都异口同声，认为主要是因为经济学有一套强而有力的"行为理论"（a powerful behavioral theory），所以才能在法学研究上大放异彩。

在读这些论著时，我觉得他们言之成理；可是，我也察觉到他们在逻辑上的一个盲点。因为，既然经济学几乎同时进入政治、社会和法学领域，如果只因为经济学有一套"行为理论"，那么在各个领域里的成果应该一样辉煌才是！可是，实际情形并非如此；"政治经济学"和"社会经济学"的发展，远远不及"法律经济学"。就以 2003 年来说，在法律经济学这个领域里，国际上已经有近十种专业学术期刊；相形之下，政治经济学的专业期刊，只有三到四种，而社会经济学的专业期刊数目更少。

因此，除了行为理论之外，一定有其他的原因，使法律经济学独领风骚。那么，是什么原因呢？当我在两三年前想到这个问题时，我知道自己问了个好问题。如果能找出有趣、有说服力的答案，不仅能满足我自己的好奇心，也可以在学术上有所贡献。

## 一得之愚

在本质上，我问的问题是："当经济学往外扩展时，在法学的领域里最为成功，为什么？"就逻辑而言，要回答这个问题，至少要从两方面来处理：一方面，我需要解释，经济学进入法学之后，可以大展身手的原因；另一方面，我必须说明，经济学进入政治和社会这两个领域，为什么不能大展身手。因此，看起来是经济学和法学的问题，其实涉及经济学和其他社会科学的关系。

经过一番琢磨，我写成一篇论文，题目定为"法律的经济分析：方法论上的几点考虑（*Economic Analysis of Law*：*Some Methodological Thoughts*）"。论文里的两个重点，值得稍作交代。

首先，我指出，虽然经济学涵盖面很广，可是追根究底，最基本的是处理双方间、一对一的关系（bilateral，one-to-one relationship）。譬如，生产者和消费者、厂商和管制者、供给和需求等等。当经济学者处理这些问题时，可以设身处地地把自己设想成当事人；然后，分别体会双方所面对的权益问题，再以旁观者的身份和心情，分析如何处理彼此冲突对立的权益。在法学里，情形也非常类似。虽然法学包含很多主题，可是原告被告之间的官司，还是千百年来研究的重点。原告和被告，也是一对一的对应，而且彼此利益直接冲突。法学研究者，也可以设身处地地、想象双方所面对的情境，然后再作出取舍。

因此，经济学所以能长驱直入法学，而且短时间之内就有可观的成果，和这两个学科的研究主题（subject matter）有关。因为双方、一对一的利益冲突，同时是这两个学科关心的焦点。

其次，就政治学和社会学而言，这两个学科的性质非常特别。在经济学里，主要分成微观经济学（microeconomics）和宏观经济学（macroeconomics）。前者处理个别的经济行为，譬如企业、家庭、个人等；后者则是处理整个经济体系的经济现象，譬如失业、通货膨胀、利率水平等。

经济学者几乎一致赞同，经济学最扎实强悍的部分，是微观经济学。虽然在研究总体经济现象时，也有利率、物价水平等数量可以观察分析；可是，影响总体现象有太多的变量，经济学者掌握的只是简化的模型。因此，至少在目前，宏观经济学里，还是各个学派群雄并起、莫衷一是的状态。更重要的，是在个体行为和总体现象之间，还有一些"中间范围问题（middle range issues）"，譬如产业、消费心理、市场结构等等。这些中间范围问题，是由消费者和厂商等个体的行为加总而来，但是却不是 1+1＝2 这么简单。对于中间范围问题，微观经济学还不能作有效的处理。可是，稍稍想想，政治学和社会学所关心的重点，其实就是属于"中间范围问题"。

在政治学里，选举、政党、民意机构等等，一向是研究的重点；而这些问题，都是个别行为汇总之后的中间范围问题。对于中间范围问题，经济学没有好的分析方法，政治学也没有；因此，经济学对政治学的影响，受到相当的限制。同样的，在社会学里，小区、社会化、宗教等问题，是重点所在；而这些议题，也是介于总体现象和个体现象之间的中间层次。经济学所能发挥的贡献，也有先天上的局限。因此，比较各个学科的特质之后，我得到这两点有趣的体会。据我了解，在文献上还没有人提出类似的观点。

经济学对中间范围问题力有未逮，还可以借下面这个故事来作进一步的引申。


## 经济学的困窘

记得十几年前、读研究所快毕业时，我在《大西洋月刊》

(*The Atlantic Monthly*) 杂志上看到一篇文章，名为"经济学的困窘"（*The Poverty of Economics*）。

文章的作者是罗伯特·库特纳（Robert Kuttner），一位专栏作家；他从半个经济学者的角度，批评经济学的匮乏和困窘。有趣的是，他列举的例子之一，是一篇发表在顶尖学术期刊的论文。他认为，作者用数学模型来分析房屋市场，数学模型漂亮而严谨；可是，由文中却丝毫看不出，作者是否真的了解真实世界里的房屋市场。

论文的作者不是别人，正是我的指导教授亨德森（J. V. Henderson）。我把文章影印给他看，问他的意见。他耸耸肩，很有风度地说了一句：文章很有趣！等到自己成为专业的经济学者，思索各种问题十数载之后，偶尔再想起这段掌故，我觉得已经能稍有所得。

经济学里用太多的数学，固然使分析精确，而且对传递和累积知识大有帮助；可是，会不会渐渐变成见树不见林、甚至只见舆薪？这个问题，在经济学文献里，已经起起伏伏地争议了几十年。结论也一直相去不远：对经济学而言，数学大有好处，但最好不要役于数学。因此，这种时断时续的争执，并没有激发出太多新的智慧；由这个角度所作的批评，也不能算是真正击中经济学的要害。

最近读了《美国法律经济学评论》（*American Law and Economics Review*）里的一篇书评，我却深切地感受到经济学威力有其限度。

被评鉴的书的书名是双关语，影射克林顿的绯闻案——《国家大事》（*An Affair of State*）。作者，是享有盛誉的波斯纳法官；出版者，是学术重镇哈佛大学出版社。

在书里，波氏旁征博引，论证克林顿的阵营战略成功；把莱温斯基案导引塑造成是单纯的"性出轨"（just about sex），而避免了克林顿在宣誓下说谎的伪证问题。波氏认为，对美国宪政运作而言，关键所在其实不是克林顿的拈花惹草，而是事后撒谎、阻挠司法。

书评指出，波氏取材论证严谨，分析叙述生动活泼，充分反映了波氏的才情和学养。但是，除了美言之外，书评也点出波氏力作的盲点。

如果克林顿的绯闻案是由司法体系自己处理，重点可能确实会集中在"伪证"这个环节上——总统私生活越轨是小事，妨碍司法运作却是影响深远的大事！可是，总统的绯闻案最先是由独立检察官搜证，最后是由国会投票决定指控成立与否；既然是由国会来取舍，当然就表示民意走向会是主导因素——如果一般民众说东，国会议员们不会不知好歹地硬要说西。

因此，审判克林顿的，其实是美国的一般民众。然而，在美国社会里，长久以来已经形成一种暗流：在两性关系方面，法律条文所规范的行为尺度和一般民众实际行为之间，有一段明显的落差。譬如，在有些州里，法律还明文禁止某些性行为、还禁止堕胎、还以刑法处理婚外情。而当法律和一般民众的实际行为有落差时，民众在心理上会逐渐累积一种排斥不满的情绪；只要有机会，这股压抑已久的积怨，就会像山洪般地宣泄而出。

因缘际会，克林顿的绯闻，正是触发山洪暴发的那几滴雨水！

民众同情、乃至于认同的是克林顿，而不是那些僵化过时的法律；民众所在乎的，是通过肯定克林顿而肯定自己，而不在乎维护司法体系的尊严。因此，克林顿的谋士利用民意所趋，巧妙地四两拨千斤，化解危机于无形。对司法体系而言，绯闻案等于是无心插柳地提供了一个机会，促使司法体系反省检讨；或许能因此而跟得上社会变化的脚步，再次得到民众的认同和支持。

我由书评得到的启示，就是由书评所描述的民众心理而来：虽然社会的思潮和民众的心理，都确实会影响人的行为；可是，在主流的经济学里，几乎找不到对"思潮"、"意识形态"或"文化背景"的讨论。

主流经济学所描述的经济人，像是一个跨越时空、没有文化束缚、不受意识形态羁绊的"黑盒子"。只要输入某些价格、所得数量的信息，黑盒子就会打印出一个标准答案——经济学者朗朗上口的"最适选择"。

当然，主流经济学的描绘，是一种简化的分析；在分析人们绝大部分的日常行为时，确实不需要把文化、意识形态等因素纳入。不过，如果要了解社会的变迁、要比较不同社会之间的差异，显然就不得不面对这些因素。而我必须承认，以我所受（主流学派）的训练、以我所阅读的经济文献，我并不知道如何妥善处理这些你知我知、非常重要的因素。

9·11事件之后，曾经有人问我感想如何。我的回答是：对经济学而言，也许以后会比较重视对文化（宗教）的研究。借着对文化差异的了解和分析，也许比较容易避免宗教革命式的极端行为。

经济学确实有其困窘，但是过度数学化可能不是最主要的困窘……

由上面的"插播"（digression），可以看出冷酷无情的经济学者，其实也有相当的反省能力；他们并不像一般人（包括法律学者）所认定的，是只会算计金钱货币的角色而已。

## 浮沉

无论如何，关于法律经济学在方法论上的分析，是我在这个领域里完成的、第一篇关于方法论的论文；写完之后，就以敝帚自珍、初生之犊的心情，寄给波斯纳法官，请他指教。我很快地接到回信，他在短信里提到：论文的"基本论点非常精彩（The basic points are excellent ones）"。

波氏可以说是当今法律经济学的掌门人，得到他的肯定，我当然很高兴。此外，哈佛大学法学院讲座教授拉姆齐尔（Mark Ramseyer），也在来信中指出了法律经济学大行其道的另外一个原因：

20世纪70年代，大学教职的市场大幅萎缩；因此，很多读经济的研究生转读法律，准备毕业后进入实务界。可是，当他们在法学院表现良好，而得到教职之后，自然把原先经济学的训练带到他们的研究工作上。相反的，几乎没有读经济学的博士生，会转念政治研究所。

这是个很有趣的观点，我写了一个批注，放进我的论文。我也根据其他几位学者的意见，作了一些调整。文章大致就绪，就开始漫长的投稿过程。

关于法学研究的期刊，可以分成两大类。一类是传统的法学期刊，由各主要法学院出版，譬如《哈佛法学评论》（*Harvard Law Review*）和《耶鲁法律杂志》（*Yale Law Journal*）等。这些法学期刊的编辑，全部是由法学院的学生（也就是研究生）来负责。而且，法学界的传统，是一篇稿子可以同时投给好几份刊物。另一类关于法学研究的期刊，主要是由其他学科来探讨法律，譬如《法律与社会评论》（*Law and Society Review*）或《法律经济学期刊》（*Journal of Law and Economics*）。这些学术刊物的做法，和一般学术刊物没两样；由专业的学者来审核编辑，而且只能一稿一投。

两种刊物做法上的差异，涵义到底如何，需要长篇大论来分析。不过，我可以"诉诸权威"，稍微着墨一下；或许也可以稍稍反映法学和其他社会科学的歧异。

1987年，《哈佛法学评论》创刊一百周年；为了庆祝这个历史性时刻，他们向法学界重量级的人物邀稿，然后发行特刊。波斯纳也是受邀者之一，但是他似乎有意浇学弟学妹们的冷水——他也是哈佛法学院毕业，而且学生时代就表现杰出，曾任《哈佛法学评论》的主编。他为这个特殊时刻所写的文章，题目为"法

学自主性的式微(*The Decline of Law as an Autonomous Discipline*)";
文章是这么开头的:

因为我天生有怀疑和批判的倾向,所以当编辑邀请我为《哈佛法学评论》发行百年撰稿庆祝时,我最初是婉拒。因为《评论》有百年历史,并没有特别的意义。事实上,我现在住的房子屋龄八十二,可能更有意义:因为在保养和维护这种房子时,需要仔细斟酌;而且,这种年纪的房子,可以反映当时建筑和结构的风格。

如果文章透露一个人的性格,以这种对比作为开场白,来祝福西方法学重镇创刊百年,大概可以约略凸显波氏的风格。即使他在学术和司法界都享有盛誉,但是显然不是忧谗畏讥、温良恭俭让型的学者。

无论如何,在文章里,波氏以当事者、过来人的身份,对传统法学的过去和未来,提出许多发人深省、暮鼓晨钟式的建言。关于法学刊物,他更直言不讳:以学生来审核老师的专业作品,不啻是"二军审一军";一稿多投,同时耗损作者和编辑的心力时间。法学研究要赶得上现代学术的脚步,就值得采取其他学科的做法——由专业学者负责编务,一稿只能一投!

对我而言,我希望自己的观点能被法律学者接受;因此,我先投稿给传统的法律期刊,也就是一稿多投。单单是每个期刊要求好几份影印本,又同时寄给七八个期刊,就花了相当可观的航空邮资。可惜,我的一得之愚似乎不够精彩,得到的回复都是:

"谢谢赐稿，但是我们每年接到好几百篇、甚至是上千篇的稿子；我们只能选用很少数的几篇，虽然这次用不上大作，不过还是希望阁下以后还能继续支持本刊。"

这个阶段，就耗费了近一年的时间。既然碰不上伯乐，我决定改变策略，转投法律经济学的刊物。主编的回信都很客气："论文的主题和分析都很有趣，但是我们很少刊载关于方法论的讨论，而偏重对具体法律问题的分析。"一旦被退稿，稍稍自我安慰之后，就再投其他刊物。当我把文章寄给《法律经济学研究》（*Research in Law and Economics*）时，倒激起了一些智识上的火花。这时候，我已经把论文的题目调整为"经济学和法学的共同性（*The Commonality between Economics and Law*）"。

## 火花

《法律经济学研究》是采取以书代刊的方式，每年发行一本，大概刊载十篇左右的论文。这个系列是从 1979 年开始，一直由泽比（Richard Zerbe）担任主编。

1970 年代前后，泽比曾在芝加哥大学经济系任教；当时科斯、斯蒂格勒（George Stigler）、波斯纳、德姆塞茨（Harold Demsetz）等人，都会集芝加哥，也正是经济学向外开疆辟土的黄金岁月。

美国法律经济学会在举行年会时，曾公开表扬当初创立法律经济学的四大高手：科斯、波斯纳、曼尼（Henry Manne）和卡拉布雷西（Guido Calabresi）。此外，1981 年，在加州大学洛杉矶分校举办了一场圆桌会议；由当年参与法律经济学发轫时期的健将，回顾当时芝加哥大学"空气中像是飘浮着电波"的气氛。座谈会的记录，后来以"真理的热焰：芝加哥法律经济学忆往"（The Fire of Truth：A Remembrance of Law and Economics at Chicago，1932—1970）为名，刊载在 1983 年的《法律经济学期刊》。泽比也参加了这个座谈，因此他虽然不是法律经济学的四大开山祖师之一，但也是当年和科斯比肩齐步、共襄盛举的重要学者之一。

我把论文寄给泽比没多久，就接到他的电子邮件，主要有两点意见：一方面，他认为我的论点虽然有趣，可是对于"经济学在其他社会科学的领域里，为什么成果有限"，交代得不够清楚。他也不知道该怎么着手加强，但是他建议：也许可以从德姆塞茨就任"西方经济学会"（Western Economic Association）会长时、所发表的讲辞里找灵感。另一方面，他建议我修改文稿，然后再寄给他。

我立刻回了一个短函，承认他指出我文章的弱点所在；事实上，当初在论述时，我自己就觉得要仔细臧否法律、政治和社会等学科，可能需要一本洋洋数百页的巨作，而不是一篇短短几十页的论文。当然，我也表示，会尽力修改论文。

德姆塞茨的就任演讲辞发表于 1996 年，后来刊载在 1997 年的《经济探究》（Economic Inquiry）上，题目为"无与伦比的经济学：经济学在社会科学中成功的解释（The Primacy of Economics：An Explanation of the Comparative Success of Economics in *the Social Sciences*)"。这篇文章我过去就看过，不过既然泽比指名，当然要再仔细地咀嚼一下。

我知道，德姆塞茨是一位深思型的学者，在产权和组织理论方面，有过重要的贡献。他在1967年发表的论文《财产权理论探微》（*Toward a Theory of Property Right*），是经济学里一再被引用的开创性文献。

前面提到，芝加哥学派全盛时期，他也是大将之一。后来，他移师到加州大学洛杉矶分校（UCLA）；可是，为什么要从世界排名第一的芝加哥，跑到世界排名六七位的加州大学呢？他在论文自选集的前言里（婉转地）提到，转进加州的理由有两个：首先，加州大学出重金挖角，没有理由拒绝；其次，他在芝加哥和同事投资期货，而总是猜错市场走向，亏了不少钱。他说，把钱汇给股票经纪人的次数，变得像喂自己的爱犬一样频繁。他没有明讲是多么频繁，可是一般人至少每天喂狗一次。经济学者的理论不符实际，这又是"佳话"一则。不过，还好他只是亏自己的钱，后来有两位诺贝尔奖得主，可是亏了别人上亿美金的投资！

德姆塞茨的就职演讲，是他多年研究的心血结晶，里面有许多深刻的观察和省思。其中，最重要的有两点：他认为，和其他社会科学相比，经济学者在处理本身学科的问题时，比较成功。也就是，经济学者对经济问题的掌握，要优于政治学者对政治问题或社会学者对社会问题的掌握。另一方面，他觉得经济学者之所以表现较佳，是因为他们处理的问题主要是和人们狭隘、明确的利益（narrow, well-defined interests）有关；而且，这些利益往往可以用货币来衡量。换句话说，其他学科学者（政治和社会学）研究的主题，并不是明确狭隘的利益，也不容易量化。

在接到泽比的信前后，我正在修改两篇关于科斯的论文。科斯对经济学者的规劝，广为人知：他觉得经济学者不该自以为是，跑到其他学科里去班门弄斧。因为，长远来看，影响一个学科发展的关键因素，还是在于这个学科的主题（the subject matter）；经济学者去研究别人的看家本领，当然不享有相对优势（comparative advantage）。甚至，科斯语带嘲讽地表示：经济学者兴冲冲地进入其他领域，是不是因为他们没处理好自己的问题，因此只好换个地方试试手气？

泽比的质疑、德姆塞茨的判断、科斯的预言，这些混杂乃至于彼此冲突的见解，就在我的脑海里反复翻搅。我希望能找到一种方式，能贯穿这些思维，并且面面俱到。有一天，游完晨泳，空气里还有一层薄雾。我觉得神清气爽，步履轻盈；突然脑中一闪，答案找到了！

我原先在论文里强调，经济学和法学，都是研究双方、一对一的对立关系；而德姆塞茨则强调，经济学者长于分析狭隘明确的利益。因此，我们的论点并不冲突；事实上，他的看法刚好支持我的论点。

而且，根据科斯的观点，长远来看，研究主题才是维系学科的重点。既然在研究主题上，经济学和法学本质上无分轩轾；因此，如果经济学者能有效处理他们的研究主题（经济问题），当他们处理另外一些性质相同的研究主题（法律问题）时，显然也容易有类似的成果。也就是说，既然经济学和法学的研究主题，在性质上相当一致；当经济学者进入法学领域时，其实就好像在研究他们过去所熟悉的问题一样。因此，经济学者在法学的园地里耕耘，容易有丰硕的果实，而且很可能就会长此以往、继续发光发热！

当然，顺着这个思路，还有两点重要的含义。首先，既然在研究主题上，社会学和政治学都不太像经济学；因此，经济学在这两个领域里的发展，可能刚开始异常耀眼，但是不容易维持长久。其次，在研究主题上，社会学和政治学也和法学不同；因此，结合法学和社会学或法学和政治学的努力，即使投入的气力再多，成果恐怕也很有限。

我把这个体会，融入修订稿里，再寄给泽比。几个星期之后，他回信表示，修订稿比原稿好得多，他可以送给评审审稿了。看样子，这篇稿子要能正式露脸，可能还需要一段时日。

## 结语

在这一章里，有两条发展的轴线。一方面，我借着回顾一篇论文的构思、撰述、请教、投稿，以穿插夹叙的方式，烘托"法律经济学"这个研究领域的一些史实。由这些片断关于人和事的刻画，我希望能呈现出经济学者对这个领域的投入和成就；或许，通过这些片断，能稍稍澄清许多人对经济学（者）的误解——很多才情兼具的经济学者，都兢兢业业地在探索智能，而不只是役于金钱货币而已。

另一方面，借着我论文的发展，我希望能阐释经济学和法学的共同性；因为学科本质上的特性，经济学确实有可能为法学带进新的养分。当然，在文章里，我也提到很多"线头"，但是并没有进一步发挥。譬如，为什么科斯等四人是法律经济学的创始人？什么是经济学的行为理论？什么是理性选择模型？经济学研究双方、一对一的对立关系，又得到哪些智慧？还有，经济学者进入法学领域，已经有相当璀璨的成果；相反的，法律学者有没有类似的举止呢？法学有没有尝试向经济、社会、政治等领域伸出触角？如果有，凭借的是哪些武器？如果没有，又是因为哪些因素？对任何一个学科的学者而言，除了心理上自然而然的本位主义之外，是不是也可以以旁观者的身份和心情，试着带着好奇和兴味去琢磨这些问题呢？

当然，要处理这些大大小小的问题，恐怕还需要很多人、投入很多的心力和时间吧！

**相关文献：**

（1） Buchanan, James M. & Tullock, Gordon. *The Calculus of Consent*, Ann Arbor: University of Michigan Press, 1962.

（2）Coase, Ronald H. "Economics and Contiguous Disciplines", *Journal of Legal Studies*, 7, pp. 201–11, 1978.

（3）Coleman, James S. *Foundations of Social Theory*, Cambridge, MA: Harvard University Press, 1990.

（4） Demsetz, Harold. "Toward a Theory of Property Rights", *American Economic Review*, 57, pp. 347–59, 1967.

(5) "The Primacy of Economics: An Explanation of the Comparative Success of Economics in the Social Sciences", *Economic Inquiry*, 35 (1), pp. 1-11, 1997.

(6) Henderson, J. V. "Community Development: The Effects of Growth and Uncertainty," *American Economic Review*, 70 (5), pp. 894-910, 1980.

(7) Kitch, Edmund W. ed. "The Fire of Truth: A Remembrance of Law and Economics at Chicago, 1932-1970", *Journal of Law and Economics*, 26, pp. 163-234, 1983.

(8) Kuttner, Robert. "The Poverty of Economics", *The Atlantic Monthly*, pp. 74-84, Feb. , 1985.

(9) Posner, Richard A. "The Decline of Law as an Autonomous Discipline: 1962-1987", *Harvard Law Review*, 100, pp. 761-80, 1987.

(10) *An Affair of State: the Investigation, Impeachment, and Trial of President Clinton*, Cambridge, MA: Harvard University Press, 1999.

# 第二章

## 你的房屋，我的房屋

追求公平正义时，不能只注意结果，而必须考虑所付出的资源。也就是说"对公平正义的追求，不能无视代价"。

前几天中午时分，我到学校附近的一家面馆解决民生问题；落座之后，抬头一看，前面正是一位法律系的教授。他刚被挖角没多久，目前担任一所新设大学法学院的院长。

　　我们边吃边聊，我告诉他最近正在构思一系列的文章，希望把"法律经济学"介绍给法学界。他大感兴趣，表示法律学者都知道经济学很重要，也知道"法律经济学"是当代的显学。可是，他和许多法律学者一样，一直很好奇：到底经济分析是什么？他希望我好好下笔，能以法律学者所了解的方式，呈现经济分析的趣味和威力。

　　也许，介绍经济分析最好的方式，是由一个实例开始。

## 烫手山芋

不久前，中国大陆出现一件很特别的官司。兄弟阋墙，不过并不是为了土地、房舍、金钱或家产，而是为父亲；更精确地说，是为了父亲过世。

官司的主要情节，其实很简单：老大和老三两兄弟曾经不和，闹上法庭；因此，彼此少有往来。老大一直照顾年迈的父亲，父亲过世下葬时，老三并没有出现。没想到，三年半后，老三把长兄告上法庭；理由是他没有通知自己参知丧礼，剥夺了自己的"悼丧权"。老三要求金钱赔偿，以抚平自己心灵上受到的创伤。在华人社会里，一向非常重视慎终追远；一个人不能参加父亲的丧礼，当然非同小可！

那么，举世的所罗门王，如何以睿智来处理这件纷争呢？

以我的经验，如果在课堂上问法律系硕博士班的研究生，他们会直截了当地回答：看法律怎么规定？这种回答，可取、也不可取。由好的方面来看，面对任何一件官司时，能立刻想到法条；法条成为参考坐标（reference framework），而且是直觉反应，这是优点。可是，对于比较困难的案例，尤其是一些新生事物，法律通常没有规定；一旦没有法条为依恃，思考上似乎就茫然不知所从。因此，以法条为因应，并不十分可靠。

更根本的问题是，法条本身已经是某种"结果"（end results）；

反映了当时社会的价值判断，也隐含了民众通过民意代表和立法机关所作的取舍。也就是，法条本身，已经是一个演化过程（evolutionary process）的终点；在援用法条时，除了知道法条的本身之外，最好还知道法条背后的思维，以及这个演化过程的来龙去脉。否则，一旦进一步追问："当时空条件改变时，法条'应该'往哪一个方向变化？为什么？"面对这些问题，如果对法律只知其然、而不知其所以然，很可能就无言以对。

## 参考点

在大陆法系的传统熏陶下，研究生们习惯以法条为参考点，不足为奇；不过，他们的思维方式，值得和其他人（包括一般人和经济学者）的思维方式，作一对照和比较。

就一般人而言，无论学的是自然科学或社会科学，通常是以"风俗习惯"为参考坐标。从小长大，在社会化过程中，由家庭、亲友、环境，学到很多规矩、是非、道德；在学校里，再从与老师和同学的学习和相处之中，强化了这些对错善恶的观念。因此，由成长过程中得到的"传统智慧"（conventional wisdom），就成了一般人安身立命的"数据库"（data set）。一旦面对任何情况，就理所当然、自然而然地，由数据库里撷取因应之道。

相形之下，受过法学训练的人，等于有两种数据库：一种和一般人不分轩轾，诉诸"传统智慧"；另外一种数据库，则是法学教育里学来背来的法条和解释。面对官司纠纷时，会以后者来因应；在生活或工作之外的领域，则是以前者来面对。当然，如果学艺不精，可能两者不分。

和一般人及法律学者相比，经济学者一向沾沾自喜的，是自己有一套行为理论。行为理论的内涵，成了经济学者的数据库；在面对问题时，经济学者（至少是比较好的经济学者）就会以行为理论为参考坐标。

关于参考坐标的概念，可以用下面的故事来说明。

## 杀人偿命，毁了骨灰坛怎么办?

一旦碰上看似棘手的问题，怎么办？著名经济学者张五常，常提醒人要"浅中求"；由浅显处着手，反而容易上手。我个人的做法，则是要学生们"由自己的生活经验出发"；在自己的生活经验里，萃取一些相关的、有异曲同工之妙的原理原则，然后活学活用。

那么，不管是浅中求或由生活经验出发，毁了骨灰坛怎么办？

这是具体事例，不是假想性问题（hypothetical cases）或益智游戏。在台湾中部地区，某个乡公所拥有一个灵骨塔；塔高数层，里面存放了数百个骨灰坛。乡公所委托一个管理顾问公司，负责平常的经营事务。意外不长眼睛，连逝者都不放过。因为电线走火或烛火不慎，灵骨塔起火焚烧。扑灭之后，发现有上百个骨灰坛已经损毁；骨灰散落一地，分不出彼此。

骨灰坛的家属们，悲痛难耐；他们认定乡公所管理不当，要求赔偿。乡公所召开协调大会，谋求补救。可是，数百位家属众说纷纭，莫衷一是。协调会开了两三次，似乎没有任何进展。当然，人多时，事情的性质变得复杂；如果只有三两个骨灰坛受损，那么该如何赔偿呢？

我曾在好几个不同的课堂里，问同学怎么处理这个问题；当我到司法官训练所去上课，面对数十位未来的法官和检察官时，我也问他们这个问题：如果你面对这个官司，怎么办？可是，说来奇怪，虽然学生里有不少阅历丰富、位高权重的行政主管，却没有人提出思考上的着力点。最多，是好几位指出，可以把散落的骨灰收集在一起，立碑纪念。这种做法，也许解决一部分争议，不过并没有处理赔偿的问题。

我的一得之愚很简单，由生活经验里类似的例子想起……

每一个人都有把衣服送洗的经验，大概也都碰上或听说衣物被洗坏的事。这时候，不论衣服真正的价值如何——包括原来客观的售价和后来物主主观的价值——洗衣店会照行情赔偿。

行情，是洗衣界长久以来所形成的"行规"；目前的行规，是送洗价格的二十倍。因此，一件西装上衣，可能值两三万台币；但是干洗一次新台币170元，所以只会赔3 400元。同样的，银行金库可能失窃，保管箱被偷；这时候，无论实际损失是多少，也只会赔每年租金的某一个倍数。

因此，衣服送洗和银行保管箱，提供了两个平实而明确的参考坐标（benchmark），可以作为思考骨灰坛问题的基准。因为，灵骨塔也是提供一种服务；当服务出了状况时，就可以以每年所收取的保管费为基准，斟酌适当的理赔倍数。无论如何，重点在于思考的基础是"契约未履行"，而不是抽象的"生命"或"亲情"！

可是，如果循这种思维模式，幼儿园也是提供一种服务；万一园方有过失，造成幼童意外死亡，难道也是以奶粉点心费乘上某一个倍数来赔偿吗？这真是个有趣的质疑，而由这个转折上，事实上也正能凸显出生活经验的重要，以及法律明察秋毫的细致处。

在骨灰坛的事件里，被保管的是已经没有生命的物质（即使对活着的亲人而言，意义非凡）；但是，在幼儿园的例子里，被照顾的是活生生的生命。人类社会经过长期的演化，已经摸索出一些人同此心、心同此理的取舍尺度。因此，在送洗衣物和保管箱的事例里，和生命无关；一旦出了状况，是以服务契约的价格为基准。在幼儿园的例子里，小朋友是重点；一旦出了状况，则是以生命作为思索的起点。

不过，值得注意的是，即使生命本身出了闪失，都不可避免有大小高下的差别待遇。譬如，同样是在交通意外中丧生，坐汽车、火车和飞机的赔偿，就是不一样——即使丧失的都是生命。当然，汽车、火车和飞机的经营规模不同，赔偿的能力也因而有大小之分。不过，从另外一个角度看，经营规模的大小，不就间接地反映了"服务契约"价值的高低吗？坐汽车所付的票价最低，其次是火车，最贵的是飞机。因此，买便宜的服务，有事故时赔的金额低；买昂贵的服务，赔的金额高。在性质上来说，这种差别，不就和送洗衣物（水洗、干洗）以及银行保管箱（大小之分）一样吗？

因此，无论是生命或物质（或介于其间的骨灰），本身并没有客观的价格，而是直接间接、明白隐晦地被赋予某种价格；采取生命无价的立场，除了满足心理上高尚尊崇的虚荣之外，对于解决问题于事无补。

美国著名大法官霍姆斯（Justice O. Holmes）曾说："法律的本质不是逻辑，而是经验！（The life of the law has not been logic, it has been experience.）"其实，比较精致的说法是：法律的本质，是由众多经验所归纳出的逻辑；再利用这种逻辑，去处理千奇百怪的人类事务。

杀人者死，毁了别人的骨灰坛怎么办？

在吃牛肉面时，我告诉那位法学院院长骨灰坛的故事；他笑着说，在大陆法系的法学训练里，通常不会问学生这些问题。

## 行为理论小试

经济学者朗朗上口的行为理论，到底是何模样？诺贝尔奖得主科斯曾说，由亚当·斯密 1776 年的《国富论》开始——1776 年，也是美国的建国纪念——两百多年来，经济学者所真正能掌握的，其实很有限；最重要的，不过是"价量反向变动"这个需求定律（The law of demand）而已。

不过，这可是科斯登泰山而小天下、举重若轻的挥洒；行为理论的内容和智慧，确实需要一些篇幅的铺陈。在这里，不妨先以一个具体事例，来反映行为理论（经济分析）的思维模式。

前不久，"台北市议会"讨论一个法案，由市政府全额补助三岁以下幼童的医疗费用；幼吾幼以及人之幼，多么令人称道的懿行。可是，在讨论法案时，有几位议员发难：难道不该有"排富条款"吗？以纳税义务人的血汗钱，照顾一般家庭的幼童，当然令人称道；然而，那些千万、亿万富翁的幼童，含着金汤匙出生，难道也需要享受这种权利吗？

由公平正义的角度来看，这种质疑确实有道理；不但掷地有声，而且一呼百应，人同此心、心同此理。

不过，由经济分析的角度着眼，却有不同的考虑。排富条款的观念，想来理直气壮；可是，要实现排富条款，却必须采取一连串的做法。首先，要订出排富的原则（是以家庭所得，还是以家庭的财富为准？要不要考虑子女的人数）；其次，要有一套制度，能记录适用和不适用这个条款的家庭；再次，在就医时，要有某种方式（证件或编号）能区分出两种身份；最后，还要有申诉仲裁的机制，以处理争议。

为了实现排富条款，显然要动用不少的人力物力。假设这些人力物力，每年花费 5 千万新台币；如果没有排富条款，所有的"千金之子"所花费的医疗费用，可能是一年 3 千万新台币。那么，值不值得有这种排富条款呢？而且，表面上看起来，排富条款是照顾了一般家庭；其实，不然。因为实际操作要多花 2 千万新台币，因此能花在一般家庭的经费，反而少了这个数额。所以，看起来、想起来正气凛然的做法，却可能经不起进一步的检验。

具体而言，在思索类似的问题（追求公平正义或追求任何价值）时，经济学者会注意到两个环节：一是程序（means），二是结果（ends）。希望追求愈精致的结果，通常要耗用愈多的资源（人力物力）；因此，追求公平正义时，不能只注意结果，而必须考虑到所付出的资源。这个概念，刚好呼应波斯纳法官的名言："对公平正义的追求，不能无视代价（The demand for justice is not independent of its price）。"其实，不只是公平正义如此，对名誉、健康、美貌、爱情、事业等等的追求，能无视代价吗？

在这个事例里，行为理论现身的地方，就在于对"程序"的考虑。一般人的着重点，可能是在排富条款所代表的公平正义；可是，经济分析却会考虑，在追求公平正义时，需要耗费多少人力物力。更抽象地看，公平正义（和其他的价值）的内涵，显然是由其他的条件所充填、所决定。

## 工具

无论是"幼儿免费就医"或"排富条款"，在性质上，都是希望发挥某种作用、能达到某种目标的工具（tool）；工具的意义，值得再作一些引申。

在农业社会里，经济活动以农事为主；而人们所面对的风险，主要是水旱风患等天灾。因此，为了除弊也为了兴利，为了自保也为了自求多福，农业社会的人们，会发展出各式各样的"工具"。

两个最明显的例子：手足之情和对老者的尊重。因为在农事上要一起耕田、除草、插秧、灌溉、收割，所以兄弟之间，自然而然地发展出紧密的关系。而且，除了在生产（production）上合作之外，在消费（consumption）和储蓄（savings）上，也都是共存共荣、休戚与共。一旦面对天灾人祸，还要互通有无，发挥保险（insurance）的功能。因此，需要为发明之母（经济学家会说，需要为供给之母）。在农业社会里，人们不知不觉地雕塑出浓厚的手足之情。一般人会觉得，这是民风淳朴使然；在经济学家（和人类学家）的眼里，手足之情不是凭空而来，而是事出有因、具有功能性的内涵（functional purposes）。而且，为了维护和强化这种功能，人们还会发展出相关的配套措施；以心理上或道德上的责任感、羞耻心等观念，来支撑手足之情。

相形之下，在现代工商业社会里，兄弟们通常不再以农为生；有正常固定的收入，也不会受水灾旱灾的影响；万一有了差池，也有各式的保险和储蓄可以因应。因此，无论在生产、消费、储蓄还是保险上，兄弟们都不再需要作密切的配合。工商业社会的手足之情，也就很自然地和农业社会里的大不相同。抽象地看，这表示在面对不同的问题时，人们会发展出不同的工具。

长者们的社会地位，也是如此。在农业社会里，年龄大，表示经历过比较多的天灾人祸；年龄和智慧之间，几乎可以画上等号。因此，年长者受到尊重，有以致之。可是，在工商业社会里，变动的脚步加快；在信息社会里，"日新月异"不是形容词，而是描述社会的名词。在这种环境里，趋福避祸的能力，不再和年龄以及经验有直接的关系；因此，对长者的礼遇，也就不同于从前——在网球界，桑普拉斯（Pete Sampras）是公认历来最伟大的球王。但是，他刚满三十岁不久，就被认为已经过气，准备退休。

在其他职业球类、演艺界、信息业，世代交替的速度也都很快；"年高德劭"的说法，通常有复杂的含义！

## 规则

工具有很多种，铁锤、锅子、汽车、钞票，都是工具；手足之情，敬老尊贤的观念，也是一种工具。不过，这些工具之间，有一点微妙的差别。

手足之情和敬老尊贤，都是处理人际交往。手足之间的关系，由形同水火、誓不两立到水乳交融、不分彼此，可以看成是一道光谱（spectrum）；长幼之间由平起平坐到长幼有序，也是一道光谱。一旦雕塑出手足之情，等于是在这个光谱上，标示出某个固定的位置；这个定位，就隐含了行为上的规则（rule）。因此，人们借着形成规则，而发挥了工具的功能（rules as tools）；相形之下，铁锤和汽车等工具只是达到目的的媒介（tools as means）。

具体而言，规则有两种性质：既是限制（constraints），又是资产（assets）。因为在光谱上有明确的位置，表示已经排除掉了行为上其他的可能性；所以，在行为上会受到规则的限制——在农业社会里，兄弟之间"必须"互通有无。另一方面，因为有明确的脉络可以遵循，规则成为人们能依恃的资产——在农业社会里，兄弟之间"可以"互通有无。其实，只要稍微思索一下，就可以发现：在日常生活里，衣食住行的每一个环节，都有大大小小的各式规则。譬如，喝汤时不能震天价响，上街时不能内裤外穿（即使是拜金女郎麦当娜，也只有在表演时这么穿），晒衣时不能一直让水滴到楼下，走路时不能目中无人。这些不一而足的规则，既是人们行为上的限制，也是人们可以依恃的资产。

对经济分析来说，除了观察和描述规则之外，更重要的，是希望知其然、而且知其所以然。不只是了解一时一地的规则，而且能掌握规则背后形成的力量；当这些力量发生变化时，知道规则会如何与时俱进。

在探索规则上，人类学家提供了许多有趣的材料。譬如，在研究爱斯基摩人时，人类学家发现：他们通常是以小群体活动，人数不多。理由很简单，在极区里活动，人数少比较便捷；要处理觅食架屋等问题，比较有效率。他们通常对陌生人很友善，几乎不分彼此。理由也很简单，在极区里，人人都可能碰上麻烦；救别人，等于是救自己。他们的词汇里，关于"雪"就有八十几个字。理由还是很简单，在冰天雪地里，差之毫厘，失之千里；界定和区分不同的"雪"，是攸关生死的大事。

由此可见，无论是生活形态、思想观念、语言文字，在某种意义上都是规则；采用这些规则的目的，无非就是希望能发挥工具的功能，趋福避祸、趋吉避凶！

以上对"工具"和"规则"的叙述，对法学研究至少有两点重要的启示：首先，聪明的人，为了生存繁衍，会发展出各式各样的工具，而规则是工具之一；虽然工具的形式千奇百怪，目的都是希望能解决自己所面对的问题。其次，同样是为了生存繁衍，在不同的环境里，人们会发展出不同的工具。换一种说法，就是当环境里的条件发生变化时，工具很可能也随之改变。

## 悼丧权

抽象地看，工具有很多，而规则又只是工具的一小部分；同样的，规则有很多，而法律是规则的一小部分。因此，法律是工具，也就具有工具的特性：有功能性的内涵，会因地制宜、也会与时俱进。

"悼丧权"的官司本身，其实很单纯。在华人文化里，一向强调慎终追远；因此，承认某种形式、某种程度的悼丧权，合乎华人社会的价值体系。不过，这位老三在三年半之后，才发现父亲弃养、提出告诉；一般人会问：这三年半的时间里，为人子者对父亲不闻不问，岂有此理？所以，伤害老三悼丧权的，其实是他自己，老大何过之有？（如果老大提出反诉，要求老三分担丧葬费用、加上利息，可能反而会胜诉！）事实上，这也正是法院的判决。在判决理由里，法院承认了某种形式的悼丧权；可是对于悼丧权的内容、操作方式等等，却并没进一步说明。同时，法院判决老三败诉，老大无须赔偿。

然而，针对这个官司，可以设想一些比较困难的情形。譬如，老三在葬礼过后一周，就发现父亲已经过世；而且，老大连家祭都没有，直接把遗体送进火葬场或下葬。在这种情形下，法院怎么裁决比较好，其实并不是一清二楚。不过，即使是清官难断家务事，这件官司还是发人深省。由工具和规则的角度来看，有几点值得注意。

　　首先，过去的"家丑不外扬"，一方面表示在同一屋檐下，荣辱与共。另一方面，这种观念也反映农业社会里，司法的长臂有其局限；很多时候，家庭本身就是小的司法单位，会发挥奖赏惩戒的功能。然而，随着经济形态的转变和都市化的发展，操作奖惩的责任，逐渐由家庭（特别是家族宗党）移向专业化的司法体系。

　　其次，都市化伴随着工商业的发展，使大家庭渐渐式微；维系大家庭的伦常关系，也慢慢消失。剩下的，只是直系血亲之间的权利义务关系；直系血亲之外的伦常关系，几乎和陌生人之间的关系一样。即使是伦常的互动关系，也已经被契约性的互惠关系所侵蚀、所取代。

　　再次，在农业社会里，伦常关系稳定而明确；在工商业社会里，社会持续变迁，即使是直系血亲之间的关系，都不断地调整重组。因此，过去法院有清晰的参考坐标可以依恃，只需要承认已经存在、一致赞同的做法；现在，法院却要面对模糊的行为模式，而本身成为认定行为尺度的指标。譬如，也是在中国大陆出现的事例：一位妇女嘴部因为意外受伤，提起诉讼；她认为，变形的嘴伤害了她亲吻丈夫和子女的"亲吻权"。这是单纯的侵权，其实和接吻权没有直接的关系。如果有一位妇女提出告诉，指责丈夫从来不和自己接吻，侵犯了配偶之间接吻亲密的权利；一旦面对这种官司，法院真的很难自处。

最后，也许是最重要的一点。当规则停留在"风俗习惯"的层次时，并不具有"法律"的地位；这时候，因为各地风土民情不同，风俗习惯也就具有因地制宜的特性，容许甚至鼓励个别差异。在不同地域的风俗习惯之间，彼此竞争、各有千秋。可是，一旦风俗习惯变成司法体系所认可的规则，马上变成全体一致、一条鞭式的排斥其余。而且，华人文化的传统，向来是高度的中央集权。因此，要维持文化可长可久、历久弥新，一定要有某种机制，鼓励尝试，鼓励创新；一方面可以避免陈腐老朽，一方面可以注入新的活力。而各个区域有各自的风俗习惯，基本上就有竞争和多元文化的优点。因此，除非万不得已，不值得扩大公领域、而缩减私领域的空间。

悼丧的风俗习惯，自古以来就是属于私领域；而且，在不同的地理区域，有不同的形式和内容。既然和人的基本权利无关，也就不值得由司法体系越俎代庖，凭白削减了私领域的空间，遏阻了多元文化百花齐放、百家争鸣的可能性。

下面这个故事，和悼丧权没有直接的关系，但是和处理善后事宜有关。

## 不得好死，难道不行？

和其他的动植物相比，人类对于死亡，可以说是非同小可的大张旗鼓。

　　人们对死亡这么重视的原因，当然有很多。其中之一，是人们会累积财富，而这些财富在死亡时要处置；长远来看，如果不以敬谨庄严的态度处理死亡，人们将没有意愿累积财富！

　　就是因为人们慎重其事，所以在历史上曾经出现过很多由遗产所引发的特殊案例。这些案例，也激发了法学思维上饶富兴味的辩论……

　　关于遗产最有名的案例之一，是美国南方佐治亚州参议员培根（Senator Augustus Bacon）的故事。当他在 20 世纪初过世时，在遗嘱里明确指示：死后以遗产盖一座公园，捐给市政府；但是，只有白人的妇女和小孩，可以使用这座公园！

　　在当时，这可是遗泽长存、备受称道的懿行。可是，物换星移，20 世纪 60 年代民权运动勃兴；在社会改革者的眼里，"只准白人的妇女和幼童"使用，不仅是种族歧视，而且根本就违法。

　　因此，民权运动者提出告诉，要求政府当局禁止这种违法措施，结果得到胜诉。但是，公园开放之后，培根的后人也提出告诉。他们宣称，遗嘱里明确指定，公园只给特定人使用；政府当局开放公园，是违反立嘱人的意旨。既然如此，他们要求依遗嘱里另外一条"无从履行"的规定，收回公园。

　　诉讼结果，美国最高法院裁定，培根的后人可以收回公园！

　　对于这个判决，波斯纳法官不以为然。他认为，当环境里的条件改变时，无须死守条文，而可以（应该）作与时俱进的调整。譬如，如果有人指定以遗产兴建小儿麻痹医院；当小儿麻痹完全绝迹之后，难道还要坚持不改初衷吗？在这种情形下，法院可以让这种医院转作其他的用途。因此，对遗嘱文字作生硬的解释，再把公园收回、发给参议员培根的后人；其实不合理，而且让他们不劳而获（windfall gains）。

波氏最有趣、也最有说服力的论证，是提出一个假设性的问题：如果参议员培根再世，或者他能预见到种族关系的变迁，那么他难道还会禁止其他人进入公园吗？波氏认为，以参议员培根在国会里的表现和一生行谊来看，他相信培根会赞成开放公园。

事实上，波氏的论述还指出发人深省的一种思维：如果以死者为大，要恪遵遗志，那么私人的遗嘱，在位阶上要比宪法更高。因为，只要经过适当的程序，连宪法都可以与时俱进的修改；相形之下，遗嘱值得凌驾宪法之上吗？

波氏的见解，还可以从另外一个角度来发挥。既然遗嘱的实现，要依赖司法体系的支持，因此要耗用社会资源；那么，立嘱人的意旨和社会上其他人的权益之间，当然值得作一折中。

另外一件历史名案，1889 年发生在美国纽约；一位富豪的遗嘱里，指名由继承人继承遗产。可是，也许是继承人自觉行为不检，怕富豪更改遗嘱；因此，他干脆自己动手，谋害了富豪，让遗嘱早日生效！东窗事发之后，官司接踵而来：既然遗嘱里指名继承人，立嘱人又没有更改遗嘱；那么，继承人（杀人犯）是不是可以依嘱（依法）继承？

法院裁定，不准继承！原因很简单，如果在这种情形下，还承认继承人的权利，等于是昭告天下：所有有危机感的继承人，都可以尽早动手；只是要小心点，不要被逮住，而有牢狱或杀头之灾！

这种传统法学的见解，确实有相当的说服力；而且，有些国家的法律，甚至明文规定：谋害立嘱人，则不得继承。可是，波氏却提出不一样的见解。

他认为，虽然遗嘱里通常不会指明"谋害我者不得继承"；可是，这主要是为了降低立嘱的成本。因为，如果问立嘱人：你愿意不愿意让谋害你的人继承你的遗产？相信绝大多数的人都会回答：当然不！

波氏的观点，为这个问题注入新意。而且，循着"假设性的思维"，还可以作进一步的探究。试问：如果立嘱人被继承人谋杀，但是未遂；立嘱人康复之后，还是不改遗嘱。或者，即使曾被谋杀，立嘱人为了确保继承人的权益，干脆在遗嘱里注明：我太挚爱这位继承人了，因此即使他谋害我，我还是希望由他来继承！

在这种情况下，怎么办？根据"假设性的思维"，这时候就应当尊重立嘱人的意旨；即使是被继承人谋害，还是让他继承。可是，由另外一种观点来看，司法体系对立嘱人的权益，难道是没有条件的完全加以保障吗？因为，就像一般契约，法律尊重当事人自愿订定的条款，但是以不违反社会的公序良俗为限。立嘱人的意旨受到尊重，但是也受到某种程度的节制。就像如果参议员培根再世，而且还坚持公园只容许白人的妇女和儿童使用；那么，法律确实可以依违反"民权法案"，判定这种意愿违法！

因此，也许死者的确为大，但是不能大到无穷大；人确实可以不得好死，但却不是任何一种的不得好死！

如果有人立下遗嘱，要求自己死后亲属不得悼丧；那么，他是不是剥夺了亲人们的悼丧权？

## 结语

"你的房屋，我的房屋"，是一本儿童图画故事书的书名。我认为这个书名很有趣，因为房屋可以作抽象的解释；房屋，可以看成是智识上安身立命的所在。所以，这个书名可以解读成：你的思维方式、我的思维方式；你的世界观、我的世界观；你的法学见解、我的法学见解。

在这一章里，我借着中国大陆悼丧权的实例，阐释了一些相关的观念。主要的内容有两点：首先，我强调在分析法学问题（特别是官司）时，法律条文本身只是一部分；重要的是分析的角度、分析所依恃的数据库和分析所仰仗的理论。我也从经济学行为理论的角度，说明在追求任何价值时，都必须考虑到所耗费的资源。其次，我以手足之情为例，解释工具的意义；在不同的时空条件下，人们会发展出不同的工具。规则，是工具的一种；法律，则是规则的一部分。由工具和规则的角度来认知法律，可以比较完整、比较深入地掌握法律的内涵。

在吃面时，那位法学院长告诉我，他会密切注意我这一系列文稿。所以，我想他会看到这篇文章。下次再碰到他时，他可能会说：以悼丧权的官司作引子，烘托出经济分析的特殊着眼，确实有趣。不过，对于经济分析的行为理论，这篇文章却只是轻轻带过。经济分析的行为理论，到底是什么？

其实，不只是法律学者好奇，要平实、精确、完整、有趣地呈现行为理论，对经济学者而言，也是一项挑战！

**相关文献：**

（1）Coase, Ronald H. *The Firm, the Market, and the Law*, Chicago: University of Chicago Press, 1988.

（2）Frey, Bruno S. *Economics as a Science of Human Behavior*, London: Kluwer, 1992.

（3）Holmes, Oliver. *The Common Law*, Boston: Little, Brown and Company, 1923.

（4）Karpoff, Jonathan M. "Public Versus Private Initiative in Arctic Exploration: The Effects of Incentives and Organizational Structure", *Journal of Political Economy*, Vol. 109, No. 1, pp. 38 – 78, 2001.

（5）Landa, Tai Janet. *Trust, Ethnicity, and Identity*, Ann Arbor: University of Michigan Press, 1994.

（6）Posner, Richard A. *Economic Analysis of Law*, 3rd ed., Boston and Toronto: Little, Brown and Company, 1986.

# 第三章

## 刻画经济人

面对人千奇百怪的行为，经济学家希望能找出源头，建立一个在相当程度上能放诸四海而皆准的分析架构。

经济学向其他社会科学扩展，而且颇有斩获，这是不争的事实；芝加哥大学的拉齐尔（Edward Lazear）教授，就曾以"经济帝国主义"（*Economic Imperialism*）为名发表论文，探讨这种现象。

为什么经济学有这种威力，可以"无入而不自得"？在试着回答这个问题之前，我可以先以个人经验，稍稍描述经济分析的威力。首先，在阅读其他社会科学的论文时，我常有一种感觉：二三十页或更长的论文，篇幅虽然可观，可是要表达的其实很简单；只要用经济学里的一两个观念，通常就能"一言以蔽之"。因此，经济分析的长处之一，是可以以简驭繁。

其次，我曾教过许多推广教育的课程，学员大都是四五十岁左右的管理阶层。对他们来说，很多人是一辈子里第一次接触经济学。每当课程结束后，总是有人告诉我：没有想到经济学这么有趣、也这么好用；对于大大小小的社会现象，都可以由经济分析的角度，得到简单明快的解释。因此，经济学的另一个长处，是面对不同的现象，可以一以贯之。

以简驭繁，表示在面对复杂的社会现象时，可以掌握重点。一以贯之，表示在解读各种社会现象时，可以有恃无恐。对于经济学者而言，经济学之所以具有这些优点，主要是因为经济分析有一套强而有力的"行为理论"。这套理论的基础，就在于经济学者朗朗上口的"经济人"（the homo economicus）。掌握了经济人的特质，在相当程度上，就掌握了经济分析的特殊思维。

那么，什么又是经济人呢？在这一章里，我将从不同的角度来探究经济学家所认知的"人"。

## 人的特质

· 对于有些人来说，世界上只有"好人"和"坏人"这两种人！

· 对于另外一些人来说，世界上只有男人和女人的差别！

· 还有一些人认为，差别只在于三十岁以下的人和三十岁以上（也就是那些不值得信任）的人！

· 当然，还有些人根据星座来判断，因此世界上总共有十二种人！

和这些不一而足的看法相比，在经济学家的眼里，"人"又是什么呢？既然经济学号称是（自封为）社会科学之后，经济学家对于万物之灵到底有什么独特的见解？

　　对于这些问题，可以先从两个角度来思索。首先，想想其他学科的例子。对一个化学家而言，世界上有千奇百怪的事物；不过，追根究底，一切物质都是由一些"基本元素"所组合而成。同样的，对一个数学家而言，所有的运算都可以归纳成加减乘除这四种；事实上，减乘除还是由"加"的运算衍生而来。社会科学分析的对象是人，以及人的行为所形成的社会现象。所以，要分析社会现象，前提就是要了解人的行为；而要分析人的行为，前提就是要掌握人的特质。因此，经济学家把人的特质当作分析的基础，就像化学家把基本元素、数学家把加减乘除当作分析的基础一样；由基础出发，再建立一套完整的分析架构。

　　其次，或许有些人会觉得"人就是人，人的喜怒哀乐和情感理智是天生的；要探讨人的特质，是个很奇怪的念头"。不过，大家可以先在头脑里想象下面的一连串景象：


　　·自己上街选购一件衣服；

　　·买电视时，花了很多时间和老板讨价还价；最后因为老板不愿意再降一点，结果没买成；

　　·童年好友结婚，自己从香港坐飞机到台北参加婚礼，在当天深夜赶回香港；

　　·神风特攻队的队员爬进机舱，准备起飞。

虽然这些（和其他千万种的）景象南辕北辙，可是反映的都是人的行为。一套好的分析架构，应该可以一以贯之的、由同样的基础出发，来解释这些不同的景象。显然，就理论的发展而言，需要一些比"喜怒哀乐、情感理智"更明确精致的概念。

经过长时间的探讨，经济学家归纳出两点人的特质："理性"（rational）和"自利"（self-interested）。

## 理性

对于经济学家认为"人是理性的"，一般人直觉的反应通常是：人，"当然"不是理性的；人是情绪（感情）的动物，而且人常会做出一些"不理性"的事。不过，让我们抽茧剥丝，看看经济学家到底怎么自圆其说（谎）？

当经济学家主张"人是理性的"时，是指人是"能思索"而且"会思索"的一种动物。人具有认知环境的能力，人也具有分辨和思维的能力；而且，人不只是具有这些能力，事实上人还"会"运用这种能力。对于经济学家来说，人能思索并且会思索可以说是一种很平实中肯的描述。事实上，如果我们不接受"人是理性的"这种描述，而采纳另外一个观点，我们将很难理解我们所观察到的现象：如果人不能也不会思索；那么，人为什么会依交通信号灯过马路，为什么人又能利用自动提款机提款？

当然，人往往会冲动或情绪化；不过，这并不表示人是不理

048

性的。试问，在面对自己的师长上司时，一个人通常会很冲动和情绪化吗？在考试作答时，大部分人都是兴之所至地随便勾选吗？即使是一时冲动买了件昂贵的衣服（或和别人吵了一架），这个行为的背后隐含着这已经是经过自己的过滤，自己知道可以承担这个偶然事件的后果。而且，退一步考虑，那些"冲动、情绪化"的行为毕竟只占一般人行为里的一小部分；因此，经济学家可以把分析的目标，放在绝大部分其他的行为上。

不过，即使接受"人是理性的、会思索"这种假设，还必须处理"不理性"的问题。一般人会认为，吸毒伤身、跳楼自杀、贪吃甜食等等，都是不理性的行为。可是，这种观点隐含一些值得澄清的问题：首先，"理性"是一种主观的概念；人会思索，指的是一个人会根据自己的情况而进行某种心智活动。我不多吃甜食是我的理性，别人多吃甜食是别人的理性；我不能以我的取舍，论断别人的取舍。（因此，参加神风特攻队的队员，可能是基于同侪的压力或其他的原因而加入；由一些史料来看，至少有些队员在心里经过相当的挣扎。）

其次，"理性"只是指人能思索而且会思索，并不表示思索之后所采取的行为一定会有好的结果。昨天我很理性地买了十只股票，今天股票大跌，我赔了钱；虽然我很懊悔，可是，我（和其他任何人）显然不能用后来的结果来否定原先的斟酌思考，因为行为和结果是发生在两个不同的时点上。

再次，理性当然也有精细和粗糙的分别；喝两大杯金门高粱之后的思索能力，当然和清醒时不同；小朋友对事情的斟酌拿捏，也当然和成人不同。不过，除非是醉烂如泥、步履蹒跚的人和襁褓中的婴儿，人都能思索而且会思索——人都是有理性的。

最后，是关于理性的客观性。你有你的理性，我有我的理性；我不能以我思索的角度否定你的思索角度，就像我不能以我的审美观来辩驳你的审美观一样。不过，如果在内在的思索和外在的判断上，我们之间有某种交集，这时候"理性"又多了一层意义：我们可能会基于同样的考虑，而采取同样的行为；譬如，我们都不会为了省钱而坐慢车。那么，对"我们"两人而言，坐慢车省钱是"不理性的"。这是指对我们两个人来说，省钱坐慢车和我们对其他事物的思索判断格格不入；可是，对其他人而言，省钱坐慢车可能是理性的 ——因为能慢慢地欣赏沿路风景！

总结一下：理性，反映了人在行为上的自主性，也隐含了人对于自己的行为，有思索评估的能力。

## 自利

"人是自利的"，这是经济学者对人的特性所作的第二种描述；当然，一般人对这种描述的反感，可能要比对于"人是理性的"的反感更强。反对的理由主要有两点：第一，人事实上不是自利的，因为人会做很多利他的事；第二，人"不应该"是自利的，人"应该"为他人着想。前面的理由，是实然面（positive）的质疑；后面的理由，是应然面（normative）的考虑。我们可以细细琢磨，这两点理由的曲直。

让我们先标列出两个参考点：一是极端的自私，一是极端的利他。开车时摇下车窗、丢出垃圾，这可以说是极端的自私；日行多善之外，每个月还把薪水绝大部分捐给慈善事业，这可以说是极端的利他。以这两个参考点为左右端点，我们可以想象有一道宽广的光谱；介于两个端点之间有无穷多的点，而这道光谱涵盖了行为的各种可能性。

对于经济学者而言，这道光谱上各个点所表现出来的行为不同；不过，所有的点都可以从"人是自利的"这种角度来解释。"摇下车窗丢垃圾"是自私，当然也就是自利；捐钱做善事虽然是利他，可是同时也给自己带来心理上的慰藉满足，这显然也是自利。因此，不论行为表现的外观如何，在本质上总有自利的成分。

此外，当经济学家说"人是自利的"时，他是指"人会设法追求自己的福祉"；重点是在"自己的"和"福祉"这两点。追求自己的福祉，并不表示一定会侵犯或伤害到别人的福祉；而且，福祉是包括物质、心理、精神上的福祉。我们很难想象，一般人的绝大部分行为（也就是社会科学家所分析的对象）是完全不顾自己、是完全要让自己变得难过和不适！

事实上，在大部分时候，人的行为是比较接近光谱上"摇下车窗丢垃圾"的那个端点。试想，当我们去买水果时，选了（我们"自己"认为）漂亮、甜美、可口的之后，不是就让别人不能再买到这些较好的水果吗？因此，就某种意义上来看，我们的行为在利己的同时，不也间接地伤害到其他人吗？我们希望自己的成绩好、工作表现出色，不都隐含了其他的人会相形逊色吗？因此，当我们掠去行为的表象之后，我们会发现：虽然表现的方式不一，人其实都是在设法增进自己的福祉，让自己觉得比较快乐、比较高兴、比较有成就感、比较有道德！

关于"人的行为应该利他"的观点，也值得仔细斟酌。首先，社会科学是探讨社会现象"是"如何，而不是社会现象"应"如何。即使社会科学家（似乎）有责任提出革新建议，以改善现况；可是，在能有效地解释实际情况"是"如何之前，我们并不具有指引方向的条件。直接论述"应"如何，只是道德上的呼吁；也许满足一般人心理上的期望，但显然对分析实际现象毫无帮助。

其次，我们可以在比较抽象的层次上处理这个问题。如果我们接受"人应该是利他的"这种原则，那么一个人如何处理不同关系的交往——和家人相处、和亲戚相处、和好朋友相处、和陌生人相处呢？这些关系的亲疏远近，难道不是已经反映出"自己"这个因素的重要性？也就是，一个人会根据自己的（利害）考虑，而决定"利他"的程度！

再次，"应该"代表的是一种束缚，也就是限制了行为上自由取舍的空间；一旦把这种束缚变成内在的一种规范（我应该诚实），那么遵守规范本身也隐含自利的成分（因为我说了实话，所以我心里很坦然）。不过，更关键的问题是，为什么人会为自己加上一些束缚，为什么人要自绑手脚？

以家庭之内的伦常为例：我们"应该"孝顺父母，不只是对父母辛劳的回报；更重要的是，只要在观念上形成"孝顺父母"的规范，大家在行为上就自然有大致的脉络轨迹可循。父母和子女在相处互动上会容易得多，大家都得到好处。因此，"应该"

所隐含的规范，其实是寻求在较大的范围里增进福祉。这当然还是自利，不过这时候的自利不再是以个别事件的利弊得失为着眼点，而是跨越时空以及单独的个人。而且，要能维系某种规范，一定要有配合支持的条件。家人朝夕相处、祸福与共，才可能培养出紧密的伦常关系；公寓大厦里的住户彼此生活作息不一、平日不相往来，显然很难要求邻居"应该"守望相助。

总结一下：追根究底，人是自利或不是自利的问题很简单，我们只需自问：站在一个社会科学研究者（而不是一个宗教家、哲学家）的立场，根据哪一种假设出发，比较容易解释我们所观察到的社会现象？

下面的这个故事，就很巧妙地反映了，即使在庄严神圣的宗教领域里，都含有"理性、自利"的成分。

## 人神之间

前一段时间上课时，讨论到人的"自利心"，少不了又有一番争论；许多人质疑：人不完全是自利的，慈善家和宗教家都是一心为人、是利他的。我觉得多言无益，就福至心灵地出了个家庭作业：以三人一组为单位，去探究一下在宗教和慈善团体里，到底怎么处理"资源分配"和"奖惩升迁"的问题。

对我来说，观念很简单：在宗教和慈善团体里，也面对资源分配的问题。同样一笔钱，用到一种志业，就不能用到其他志业；负责不同志业的人，难道不会为自己的志业争取资源吗？同样的，宗教和慈善团体，既然是组织，就有各种职务和位阶。难道这些组织里的人，不会有竞争较劲的情怀和作为吗？

两个星期之后，我收到交来的作业；虽然写得都很用心，但是其中只有一组真正触及问题的核心——他们从台北搭飞机到东部花莲，实地访谈一个著名的宗教团体；他们发现，这个团体是以微妙的方式，处理资源分配和奖惩升迁的问题。

有趣的是，很多报告提到，当他们访谈一些宗教和慈善机构时，刚开始气氛都很好。但是，一旦他们问到实质的竞争和取舍问题时，受访者往往脸色大变，然后冷漠以对。

对于一般人来说，由"自利心"的角度来看慈善和宗教团体，似乎是以小人之心度君子之腹，是一种亵渎。不过，如果能保持着一点智识上的好奇，再心平气和一些，也许可以对宗教和慈善活动有更深刻的了解。

芝加哥大学法学院讲座米勒教授（G. Miller），1993 年在知名学术刊物《法律研究期刊》（*Journal of Legal Studies*）发表论文，对《圣经》的内容提出一种前所未有、但发人深省的解释。

论文的主旨，可以借着一个假设性的问题来反映：一个厂商会设法包装自己的产品，以吸引消费者、并追求自己的利益。同样的，古希伯来时代的祭司们，也可以看成是提供祈祷祭祀的厂商；他们既是决定宗教仪式的裁判，又是享受祭祀奉献的受益者。那么，他们会如何设定各种游戏规则，以符合自己的利益呢？

《圣经·创世记》里该隐（Cain）和亚伯（Abel）两兄弟的故事，提供了鲜活的说明。哥哥该隐是农夫，弟弟亚伯是牧羊人。亚伯把羊群里的头胎（firstborn）羔羊，带到祭坛作为奉献；该隐的奉献，则是他收成的一些农作物。耶和华（通过祭司）接受了亚伯的礼物，却拒绝了该隐的献礼。该隐既羞且怒，因此在旷野里谋害了亚伯。耶和华察觉了该隐的罪行，就在他额头上烙上印记（Mark of Cain），罚他终生流浪、受人唾弃。

米勒认为，这个故事透露了几点讯息。首先，对祭司而言，羊肉不只比农产品味道鲜美，而且比较有价值；其次，以"最先得到的收获物"（the first fruits rule）作为祭品，可以确保（祭司的）收入。还有，祭品不够丰盛的，会被拒绝；让该隐流浪示众，等于是四处宣扬祭礼的游戏规则。

此外，亚伯拉罕（Abraham）的故事，也同样耐人寻味。神告诉亚伯拉罕："带着你挚爱的儿子以撒（Issac）到摩利亚（Moriah）高地的祭坛，把他焚烤作为祭礼。"虔诚的亚伯拉罕带着儿子，跋涉三天之后到达祭坛；当他把以撒绑在一堆木柴上，正准备下手时，耶和华的使者出现。

使者要亚伯拉罕放开自己的儿子，改以一头公羊作为祭品；然后，使者向他开示耶和华的旨意："为了侍奉我，你愿意牺牲最钟爱的儿子；因此，我将降福到你身上。你的子孙，将如天上的星辰和海滩上的沙一般的繁茂；你的子孙将所向无敌——因为你遵从我的指示！"

在常人眼里，把亲生儿子献为祭品，当然不可思议。但是，抽象地来看，这个故事隐含了一些对祭司有利的游戏规则。

如果自己最怜爱的孩子都可以奉献给神，献出其他的牛马牲畜、金钱财物，当然更顺理成章。还有，在三天的旅程里，亚伯拉罕不但要耗费时间、人力物力，也一定经过心理上的煎熬试炼，而终能坚持到底；因此，侍奉神，自然要有所付出。而且，亚伯拉罕要长途跋涉，到指定的祭坛才能献上祭礼。因为，如果亚伯拉罕就地行礼如仪，固然不能测试他的决心；更重要的，是祭司将分享不到祭礼。另外，三天的旅途，也许反映了市场区隔的基本原则；在三天行程所能到达的地方，只有一个祭坛。如果同时有好几个祭坛，祭司们彼此竞争，很可能同蒙其害。

在论文里，米勒多次强调：以厂商的角度来认知祭司，再由厂商自利的角度解读有关祈福奉献的做法，确实可以有效地阐释《圣经》的某些内容。不过，这当然只是"一种"而不是"唯一"的阐释。米勒的论文，解释了祭司的自利心，也提供了了解《圣经》新的视野；不过，更根本的问题是，到底有没有"神"呢？

对于这个问题，米勒没有处理；也许是基于自利心，不要太得罪神——或是不要太得罪人？

## 效用函数

根据"理性"和"自利"的刻画，经济学家开始建立他们的分析架构。除了在文字上描述理性和自利之外，经济学者希望能更简洁精确地用数学来表示这两个特质。因此，第一步，他们宣称人的行为可以用一个"效用函数"（utility function）来表示。譬如，U（3 个苹果）= 6 单位效用，U（两块面包）= 5 单位效用；而且，还可以进一步简写成 U(x) = 6，U(y) = 5。第二步，理性和自利会反映在这个效用函数的特性上。

以效用函数代表人，这是第一步；以效用函数的特性来反映理性自利，这是第二步。在巧妙地完成这两个步骤之后，人已经变成一个"效用函数"；既然效用函数是以数学来表示，经济分析当然就可以运用数学精确、迅速、有效地进行。经济学能在短短两百多年中累积可观的智慧，能在社会科学里独领风骚，可以说都和分析方法上大量地运用数学有关。

**效用最大化**

关于效用函数，经济学者作了很广泛的运用，其中又以"效用最大化"为主。

关于效用最大化，诺贝尔奖得主贝克尔可以说是其中最著名的一位。他的分析架构主要有三个核心概念：稳定的偏好、效用最大化和均衡。而他对经济分析具有无比的信心：在 1976 年，他曾出版《人类行为的经济分析》(*The Economic Approach to Human Behavior*)。但是，当他在 1993 年得到诺贝尔奖时，他的演讲题目是："由经济分析的角度观察行为"(*The Economic Way of Looking at Behavior*)；行为，当然不限于人的行为。对于贝克尔十足的信心，另一位诺贝尔奖得主科斯就颇不以为然；因此，他话中多少有点浇冷水的味道："不只是人会追求效用最大化，老鼠、乌贼也都会。"

人在行为上是不是会"效用最大化"呢？一般人会觉得不可思议，自己在生活呼吸、工作行动上，可能从来没有想过要"效用最大化",这是不是又是不辨菽麦的经济学家所玩的益智游戏?其实,不只是一般人,就连得到诺贝尔奖的经济学大师都不能苟同"最大化"的观点。美国的赫伯特·西蒙(Herbert Simon)一直主张,人的思维计算能力并不是无远弗届;人具有的是"有限理性"(bounded rationality),而不是"无穷理性"。试想,除了围棋高手之外,一般人恐怕最多只能猜测对手未来的两三步。

因为人是有限理性,所以人在行为上并不是追求效用最大化;实际上人会根据对环境的认知和自己有限的思维,然后作出能让自己满意即可的选择。和"效用最大化"的观点相比,西蒙"适可而止"(satisficing)的论点似乎更接近血肉之躯的人;这种和绝大部分经济学家唱反调的意见,使西蒙成为非主流经济学家阵营中的大将。但是,他不同流俗的慧见,也使他成为最早得到诺贝尔奖的经济学家之一。

### 可以比较

效用函数的另外一个特性,似乎卑之无甚高论:把任何两个东西(A 和 B)放在眼前,我或者喜欢 A、或者喜欢 B、或者一样喜欢。可是,稍稍琢磨,这个不起眼的特性,可以精确地反映出人理性自利的特质!

首先,这个特性是指"任何两个东西";如果放在眼前的是面包和苹果,要比较取舍很容易。可是,如果放在眼前的是环境和经济发展、个人的升迁和社会的福祉、儿童先换肾和成人先换肾……这个条件就隐含着:即使面对这些困难的抉择,人还是能在斟酌之后,作出取舍。人是不是这样呢?

其次，"或 A，或 B，或 A 和 B 一样好"的条件，在实质上排除掉其他的可能性。当一个人面对某种两难的情形时，他可能既不喜欢 A 也不喜欢 B，而且 A 和 B 也不一样；他选择的是"放弃"或"延后再议"。可是，这个条件，排除了这些可能性。换言之，这个条件意味着人不会逃避，人也不会犹豫不决；人不只是"能"比较，人实际上也"会"比较。

由以上这两点来看，"可以比较"的说法似乎有点摇摇欲坠的倾向；不过，让我们试着阐明这个假设积极的意义：首先，在 A 和 B 之间作比较和选择其实只是表面，更重要的是这种特性所隐含人的思维能力。"好或不好或无所谓"表示人不但能认知（譬如）"留学"和"就业"的含义，而且还可以意识到这两种选择对自己的意义。也就是说，人能比较和选择，表示人能根据自己的思索判断，了解自己的行为（选择）和各种事物之间的因果关系。因此，选留学或就业并不重要，重要的是比较和选择所反映出人的思维能力——人是理性的。

其次，对于任何的 A 和 B，能先比较和后选择，表示人是从"相对"的角度来认知这个世界。我们可以以两个例子来反映：

第一，有人对宗教信仰很虔诚，认为信仰是绝对的。可是，当我们说宗教是"绝对的"，我们事实上已经把宗教和所有其他的事物放在一起比较；在其他事物的衬托之下，才显示出宗教的（在相对上的）绝对。

第二，故宫里的珍藏是无价的，也就表示这些珍藏的价值是至高无上、不会被凌驾超越的。可是，博物馆之间在交换互赠时，不还是会斟酌比较、希望在礼尚往来时能恰如其分？显然，在众

059

多无价之宝之间，还是有"比较无价"的无价之宝。而且，对于故宫的无价之宝，我们事实上要动用人力物力去保养防护。既然人力物力是有价的；因此，对于无价之宝，我们还不得不琢磨出适当的有限价值来烘托。此外，我们还可以进一步问，这些无价之宝的价值真的是绝对的吗？如果情势所逼，我们必须在存亡和故宫之间作一抉择；难道我们会坚持，这些故宫珍藏的价值是绝对的吗？

关于"可以比较"特性最重要的涵义，是在于这个特性表示：人可以根据自己的认知和思维，对任何有形无形、精神物质、具体抽象的东西加以比较。因此，人不但能在苹果面包之间比较取舍，人还可以在道德良知上斟酌抉择。美丑、善恶、是非、对错等等的价值，事实上就是人为了帮助自己思维比较而慢慢发展出的一些概念。这些概念逐渐形成一套"价值体系"（value system）；而经济学者根据"可以比较"的特性，就能够尝试分析这套价值体系的结构和内涵。由此可见，经济学的精髓所在，并不在于对商品劳务货币价格的探讨，而是更广泛地对"价值体系"作很基本的分析；价格体系（price system），只不过是整个价值体系中的一小部分而已。

和其他社会科学相比，经济学的独特性可以说就反映在"可以比较"这个概念上。政治学是从政党权力等角度分析，法学是从公平正义等角度立论，社会学是从角色规范等角度论述；相形之下，经济学是从"可以比较"所隐含的"相对性"出发，然后建立一个分析人类行为的理论架构。"相对"的观念虽然有点抽象，但精致地反映经济学这个学科的核心精神！

# 由经济人到法律人

在经济分析里，以人作为基本的分析单位，而且认为人具有"理性"和"自利"这两种特质。相形之下，在法学里，并没有所谓的"法律人"；偶尔有人用"法律人"这个名词时，是指法律系的学生，或以法律为业的人。在法学里，是以"概念"（concept）为基本元素，在概念之上发展各家的理论。

不过，法学论述里，也有人的踪迹。在某些官司（特别是侵权行为）里，会提到"正常人原则"（the reasonable person rule）；根据一个正常人的思维、注意力，在行为上有没有过与不及的地方。还有，在另外一些官司（特别是契约问题）里，会涉及"专业标准"（due care）；根据各行各业（律师、水泥工、理发师等等）的行规，在专业上应该达到某些水平。如果没有达到这些业内所公认的尺度，就应该承担意外或损失的责任。

无论是"正常人原则"或"专业标准"，都隐含赋予当事人某些责任；也就是，在行为上，法律认定当事人应该或必须采取某些作为或不作为。当然，这些责任是有限度的，超过这个（有时候很模糊）限度，当事人就毋需对意外或损失负责。可是，这是一种针对各行各业、各种情况而有的体会；是一种"点的智慧"，而不是一套一般性的理论，可以应用到各个不同的领域。

由另外一个角度来看，对于法学里的问题，特别是各式各样的官司，"理性、自利"的概念，其实有很大的发挥空间。因为，由这两种特性出发，比较容易掌握当事人的心理和行为。譬如，当交通违规的罚款提高之后，违规的人数会减少；因为，人是理性自利的。又譬如，暴风雨中游艇闯进私人码头，撞坏了码头设备。码头主人提出侵权的告诉，法庭以"紧急避难原则"，裁决被告没有过失，但是要赔偿修缮费用。由理性自利的着眼点，不但可以解释游艇的行为、码头主人的反应，也可以解释法庭的立场——对任何一个人而言，都有可能碰上急难；承认某种程度的紧急避难原则，长远来看对社会比较好。

总结一下，在法学里，对于人的特质并没有特别的探讨；由理性自利的角度，反而容易理解法学里的许多问题。

## 结语

人的特性不像"鸡蛋是椭圆的，油条是淡黄色的"这么简单明确；没有人能剖开胸腔，证明自己是理性自利或不是理性自利。面对人千奇百怪的行为，经济学家希望能找出源头；由最根本的地方开始，建立一个在相当程度上能放诸四海而皆准的分析架构。理性自利、效用函数、效用最大化等等，都是这个知识探索过程中的足迹。这个智识之旅当然还没有到达终点，不过万物之灵的人，毕竟已经不像过去那么令人难以捉摸了！

在这篇文章里，我简单地描述了行为理论的基础——经济人。

就内容而言，有两个重点。首先，无论效用函数的特性如何，行为理论的核心观念是："人是理性、自利的。"在分析社会现象时，追根究底，总可以归到人的这两种特质上。其次，人作比较的基本特质，反映了经济分析采取的立场、是"相对"而不是"绝对"。这个角度虽然看似平凡无奇，但是却常被忽略——包括笃信经济帝国主义的许多经济学者在内。

**相关文献：**

（1）Becker, Gary S. *The Economic Approach to Human Behavior*, Chicago：University of Chicago Press，1976.

（2）"Nobel Lecture：The Economic Way of Looking at Behavior," *Journal of Political Economy*, Vol. 101, No. 3, pp. 385 – 409, 1993.

（3）Coase, Ronald H. *The Firm, the Market, and the Law*, Chicago：University of Chicago Press，1988.

（4）Demsetz, Harold. *Ownership, Control, and the Firm*, New York：Basil Blackwell，1988.

（5）Lazear, Edward P. "Economic Imperialism," *Quarterly Journal of Economics*, Vol. 115, No. 1, pp. 99–146, 2000.

（6）Miller, Geoffrey P. "Ritual and Regulation：A Legal–Economic Interpretation of Selected Biblical Texts," *Journal of Legal Studies*, Vol. 22, pp. 477–490, 1993.

（7）Simon, Herbert. *Models of Bounded Rationality*, Cambridge, MA：MIT Press，1982.

# 第四章

## 人生而自由平等?!

如果人类直接迈入科技社会，女性的表现可能会优于男性；各行各业的领导者可能都是女性。

天赋人权！

不自由，毋宁死！

人，生而自由平等！

生命诚可贵，爱情价更高；若为自由故，两者皆可抛！

学术界里，一向有各式各样的论战；法律学者马洛伊教授（Robin Malloy）和波斯纳法官之间的论战，不算顶有名，但是很有启发性，很有微言大义的味道。

马洛伊和波斯纳所受的教育，都是正统的法学教育；不过，波氏后来接触经济学，进而宣扬经济学。所以，两人之间的论战，在某种意义上也是法学和经济分析的论战。他们两人，先在学术期刊上打笔仗；过招之后，自己和别人都意犹未尽。于是，好事之徒，就成人之美的安排一场公开辩论；1989 年的某一天，在美国锡拉丘兹大学（Syracuse University）碰面。

当晚两人唇枪舌剑的内容，后来编成一本书，名为《亚当·斯密和法律经济学的哲学思辨》（*Adam Smith and the Philosophy of Law and Economics*）。两人口才文采都好，也都留下一些画龙点睛的美言佳句。马洛伊主张，在任何情形下，奴隶制度都是可憎的制度，毫不可取；而且，他表示：

我不能苟同波斯纳法官所赞成的理论；对于那些不明确反对他立场的学者，我也不能苟同。

这句话的前半段，是针对事；后半段，是针对人，而且有点火药味。相对地，波斯纳则是作了很生动的譬喻：

在自然状态下，我们只不过是比较文明的猴子，晃来晃去、彼此飨以石块。……生活在群居社会里的奴隶，要胜过生活在原始状态的自由人。……当奴隶制度取代了对战俘的屠杀，这可是道德上的进化。

两段话都掷地有声；可是，到底谁的观点比较有说服力呢？也许，由这两段短句中，不容易看出端倪。要分出秋毫，需要更仔细地论证。

## 法学论述之一

2000 年秋天起，我利用休假一年的时间，到英国牛津大学访问研究。牛津法学院赫赫有名，是西方法学重镇之一。

我旁听了很多法学院的课，有一门是"财产权专题"；教授是哈里斯博士（James Harris），一位令人肃然起敬的盲人学者。他写了好几本书，我仔细读过其中两本，一本是《财产和正义》（*Property and Justice*）。这本书主要分成前后两部分，前半部分论证阐释财产（property）的概念，后半部分则是阐扬"合理（合于正义）的财产权结构"。财产权，当然是权利的一种。

要由正义的理念过渡到财产权的结构，显然需要有适当的联结。这个关键，就出现在第 10 章。在这一章里，哈里斯明确列出他认为合于正义的三个基本条件；他认为，一个正常的社会（或任何一个通情达理的公民），会接受这三个条件。因此，符合这三个条件，财产权的结构就是合于正义：第一，承认自然的平等（natural equality）；第二，接受选择自主的价值（the value of autonomous choice）；第三，强调身体的尊严不受任意侵犯（the banning of unprovoked invasions of bodily integrity）。

这三个条件，看来合情合理，大概没有人会反对。但是，重点在于，他所建构的理论，不是以"真实世界"为基础，而是诉之于读者"理念上的支持"。真实世界，是实然，是已经出现的事实；理念，是应然，往往只是某些人脑海里的设想。应然和实然的差别，非常重要，下面还会再作澄清。

## 法学论述之二

在法学界，德沃金教授（Ronald Dworkin）被誉为是当代最重要的法理学学者；他原先在美国纽约大学任教，后来被重金礼聘，担任牛津大学"法理学讲座"的讲座教授（Professor of Jurisprudence）。牛津法学院里，设有好几个讲座；但是，法理学讲座，是其中最重要的讲座，是代表整个牛津法学院的龙头。

后来，美国纽约大学再以更优渥的条件，请他风风光光地衣锦荣归。他论述不辍，而且笔下的法学论著，有几本又叫好又叫座；因此，他的版税收入可观，据（一位牛津法学院的教授告诉我）说，他在美国麻州外的渡假名胜"马莎芬雅"（Martha's Vineyard）岛上，都有别墅。说他是法学界的超级巨星，大概并不为过。

依我个人浅见，德沃金的口才比文笔好。2001 年初，他应邀到牛津演讲；当晚，演讲场地由一个三五十个座位的小房间，临时改到最大的厅堂。整个场面，只能以冠盖云集、群贤毕至、少长咸集来形容。一个小时的演讲过程里，笑声不断；结束时，喝彩和掌声延续了好几分钟。

相形之下，他的文笔可有天壤之别，几乎可以用"无法卒读"来形容。我曾在牛津的书店买了一本旧书，是他最著名的巨作《正视权利》（*Taking Rights Seriously*）。在我之前，这本书至少已经有两位主人，大概都是在法学院就读的学生哥。书中画的线和做的记号，颜色形状不同，但都是勉强推进了几章，最后不了了之。我读时，也可以约略感受到前手食之无味、甚至不知所云、但又弃之可惜的心情。

在这本书里，有两个重点：一是关于处理新生事物的做法，一是关于人的基本权利。我引述他的两三段话，希望能比较完整地呈现他的立场。

首先，他认为："以权利为核心的理论，最根本的观念，就是个人享有某些权益，不会被任意侵犯。"

然后，他强调："简单地说，以权利为核心的理论，认定权利不是法律或风俗习惯的产物，而是独立的指标；而且，能以这些权利为基础，来评估法律或风俗习惯。"

最后，他指出："任何人如果赞同以权利为核心的理论，至少会支持下列的两个基本观念（之一）。第一个观念虽然模糊但是强韧无比，就是'人的尊严'。第二个观念为一般人所熟悉，是'政治上的平等'。"

也就是，德沃金认为，人的尊严和政治上的平等，是两个简单自明的概念；任何以权利为核心的理论，都会接受这两个概念。

德沃金的用语和表达方式，虽然与哈里斯的不同，但是在实质内容上，其实不分轩轾。他们都认为，无论是基于道德哲学、政治信仰还是其他考虑，人"应该"享有某些权利。这些权利，超越法律、典章制度或其他的价值；这些权利，是思索法律、典章制度或其他价值的起点。

这种见解的意义为何，当然要和其他见解对照比较之下，才能分出真章。


## 经济分析之一


和法律学者的论述相比，经济学者对权利这个概念，也有许许多多的探讨。我认为，最生动的描述之一，是出自戏剧理论大师宾默尔教授（Ken Binmore）的笔下。在《公平博弈》（*Playing Fair*）这本书的第四章里，他讲了一段发人深省的故事：

如果无知之幕揭开之后，亚当和夏娃发现，他们两人正置身在一艘老式桅船中，而且正处于暴风雨里。……在老式桅船上，社会的组织大概完全会是阶层式的；因为，其他的组成方式，不能更有效地处理生离死别的危难。

换句话说，在探讨权利的结构时，宾默尔不是由抽象的理念出发，而是以人类实际的历史经验为基础。在实际的世界里，男人比女人孔武有力，因此"自然而然"地承担了较多较重的责任，也因而掌握了较多的资源、享有较特殊的社会地位。

其实，宾默尔的故事，还可以再往前推一步。每一个人都可以设想，在盘古开天地时，面临一个重要的抉择：男生和女生这两性，要共同面对各种问题，而主要的是"生存"和"繁衍"这两项。因为怀孕、生产、养育都需要一段时间，而且在这段时间里不容易从事粗重或剧烈的工作（耕种或狩猎）。因此，由专业化和分工的角度来看，有下面几种可能的安排。

第一种安排：两人身材一样高大，轮流怀孕、生产、养育，或由其中一人完全负责；

第二种安排：一人身材高大，一人娇小；身材高大的人，同时负责怀孕、生产、养育；

第三种安排：一人身材高大，一人娇小；身材娇小的人，同时负责怀孕、生产、养育。

在这三种组合里，最能人定胜天、最有效率的安排，显然是第三种。身材高大的，负责耕种狩猎；身材娇小的，负责生儿育女。事实上，这两种人在一开始时，可能有同样的身材体型；但是，在演化过程里，人们逐渐体会到，负责生儿育女的，可以有较小的身躯，只需要耗用较少的食物；负责耕种狩猎的，最好有较魁梧的身躯，可以多花气力、多收获一些。

因此，为了生存繁衍，聪明的人们会在演化过程里，慢慢雕塑出比较好的"竞争组合"（surviving combination）。男女的身材和分工，可以说是很明显的例证。而且，这种推论，其实可以引申到其他动物身上。因为怀孕、生产、养育所需要的时间较长，所以人的两性之间，在身材和分工上会有差别待遇。相对地，如果怀孕生产养育所需要的时间不是很长，两性之间的身材和分工，就未必会有明显的差别。我曾提出这个问题，向一位在台北动物园服务的专家请教，他四平八稳地答道：我的假说，不完全背离

073

他所了解的动物世界！

男女有别的观念，还可以借下面这个故事，作进一步地申论。

## "农地农用"问题的诸多迷思

在台湾，每过一段时间，就会热烈讨论一次：要不要把农地开放？反对开放农地的理由，除了安全的考虑之外，主要有两点：第一，农地对水土保持很重要；而且农地改为其他用途之后，很难再回复原状。第二，开放农地之后，农地流入财团手里；财团坐收暴利，贫富差距扩大。

在"女性主义"的论述里，常会出现"父权社会"这个字眼；因为是父权社会，所以无论在工作、待遇或升迁上，女性所受的差别待遇触目可见。要扭转这种历史性的错误（或罪恶），女性主义论者显然还有漫长的一段路要走。

不过，女性主义的论述也提供了一个有趣的参考点：如果没有历史，人类直接迈入科技社会，那么女性的地位会比较低吗？在科技社会里，对信息的处理需要细心、耐性、敏感度高……而不见得需要庞大的身躯和原始的体力。因此，根据这些特质，如果一开始就是科技社会，女性的表现可能会优于男性；各行各业的领导者可能都是女性，男性可能只是居于从属、受支配的地位。在那种情况下，"男性主义"的论述可能有同样的委屈和哀怨。

"父权社会"和"母权社会"的差别，很可能就在于历史经验；因为在人类历史上，力量（兽力、人力、机械力……）是重要的影响因素，所以现在是父权社会而不是母权社会。因此，不同的历史经验，会让社会走上不同的发展轨迹；在不同的时间空间上，会驻足在不同的结晶点上。不过，这也提醒我们，无须过分地被历史经验所束缚，因为还有其他诸多的历史轨迹可以（值得）思索和尝试。

"农地农用"的问题，显然也和历史经验有关。如果一开始就是科技社会，我们大概不会有大量的农田；有一部分的农田会成为联电、华硕等公司的工厂和研究室；其他的农田会成为房舍、道路、花园、购物中心、休闲设施等等。稻米可以进口，就像玉米、面粉、塑料鞋、外劳可以进口一样。坚持要自己种田，就像坚持要自己的子弟当佣仆一样。根据"农地农用"的逻辑，"农人（当然要）耕田"。可是，这种逻辑的前提不一定成立：坚持那些土地一定要当"农地"，就像坚持施振荣和张忠谋一定要当"农人"一样！

同样一公顷的地，作为农田，一年所生产稻米的附加价值大概不超过新台币二十万；作为联电、宏碁的工厂，产品的附加价值很可能达到数亿新台币。同样的张忠谋和施振荣，作为农人，耕田一年所创造的附加价值……

"农地"，有水土保持的功能；这个论点有一点道理，不多就是了。土地不作为农地而作为工厂、花园、道路等等，一样有水土保持的功能，只是程度不同而已。"水土保持"是问题，而不（应）是借口。何况，农田大部分是在平地，而不是在山地；在开放农地的问题上，水土保持的问题并不是重要的关键。

开放农地之后，农地确实会流入财团的手里，贫富差距也确实（可能）扩大。不过，这两种自然而然的结果是好事，而不是坏事。

首先，财团愿意付高价收购农地，是因为可以作进一步的利用以追求利润。就是因为财团唯利是图，所以能更有效（也就是更有利）地利用农地。土地流入财团的手里，就像经营电信事业的权利由"中华电信"流入财团手里一样；因为竞争，所以效率会提高，最后获利的还是广大的消费者。

所得分配的问题也是一样；财团大股东的财产当然会增加，而且会远超过一般市井小民（如你我）薪水增加的幅度。但是，每一个人都可以问自己几个问题：因为张忠谋和施振荣这些人，社会的所得分配变得比较不平均；贫富差距扩大。因此，你希望有张忠谋和施振荣，还是希望没有张忠谋和施振荣？还有，在"均贫"和"不均富"之间，你会怎么选择？

由这个问题上，也许可以得到一点启示：土地不一定要当农地，张忠谋和施振荣最好不要当农夫！

## 经济分析之二

波斯纳在哈佛法学院就读时的成绩优异，毕业后先到加州的斯坦福大学任教；然后，他接触了一些芝加哥学派的经济学者，感受到经济思维的趣味。

1969 年，他转往芝加哥法学院，直接和芝加哥学派的经济大师们展开辩论。然后，这位优秀的法律学者，先变成优秀的经济学者，再进一步成了推展"法律经济学"的大将；2003 年，他几乎是执这个新兴领域牛耳的掌门人。波斯纳接受经济学的洗礼之后，最早发表的论著之一，是 1980 年的《论原始社会》（*A Theory of Primitive Society*）。一位受传统法学训练的法学院教授，利用经济分析，来探讨原始社会的法学问题，这真是一种奇怪的组合。不过，这篇文章问世之后，一再被引用；在法律经济学的发展上，也有很重要的地位。

这篇文章所以重要，我认为有两点原因。就经济分析而言，自 1960 年起，经济学者向政治、社会等领域扩展，成果丰硕；利用经济分析来探讨法学问题，是自然的延伸。如果由经济学的角度，也能解释原始社会的现象，正好证明经济分析一以贯之的特性。

就波斯纳本身而言，经济分析的核心理念之一，是"成本极低、效益最大化"的行为特质；这个理念，如果应用到法学领域里，就几乎自然而然地成了"财富最大化"（wealth maximization）的论点——法律的运作，往往不自觉地符合效率的考虑，而使社会资源日益积累。这种观点，刚好可以针对没有工商业活动、没有市场经济、没有货币信用卡的原始社会，作具体的检验。

波氏的论文，就生动、平实、自然地呈现了原始社会的样貌；而且，由经济分析的观点，提出合情合理的解释。在原始社会里，由信息结构（information structure）的角度来看，有两点特色：一方面，信息有限、匮乏，没有现代的文字记录，也没有电报、电话、计算机等等；因此，人们所能拥有的信息非常贫瘠。另一方面，原始部落里，大家相隔咫尺；邻居之间，几乎没有太多的隐私。而且，因为生活在一起，所以几乎拥有相同的信息。

在这种背景之下，原始社会里的律法（权利结构），就自然而然地具有一些特性——就像男女分工的情形一样。首先，因为没有独立的司法单位，所以居民们本身兼任司法仲裁的重责大任；球员兼裁判，是花费最少的运作方式。其次，对于意外、伤害等等侵权（torts），一律采取完全责任（strict liability）；也就是，不分青红皂白，由肇事者负全部责任。从资源运用的角度来看，操作这种游戏规则，只需要搜集最少的信息，而且最容易执行。刘邦入关中时，约法三章"杀人者死，伤人及盗抵罪"在精神上，可以说完全呼应波斯纳的发现；因为，战乱过后，资源匮乏，人心未定，游戏规则最好明快迅速。

最后，在原始部落里，每个人都要承担连带责任；亲戚的福祸，就是自己的福祸。这种权利结构，有两种好处：连带责任，表示血统亲戚彼此相连；对每一个个人来说，都增强了互相保险的功能。因为，对圈外人有遏阻的作用，就减少了自己被欺负伤害的机会。同时，连带责任，使血缘亲戚之间彼此规范约束，可以降低和圈外人发生冲突的机会。因此，在除弊和兴利这两方面，连带责任都有可取之处。

此外，原始社会里，还有一种令人意外的古朴之美。因为简陋的屋舍相隔不远，所以鸡犬人畜之声相闻；因此，彼此言谈之间的遣词用字都很典雅婉转，不会道人短长、搬弄是非。原因很简单，如果在自己家里出言不逊，被伤及的邻居，马上会循声而至、剑及履及。

因此，在茅草屋的世界里，显然没有言论自由的权利！

## 对比

在呈现了哈里斯和德沃金的观点，以及宾默尔和波斯纳的观点之后，可以比较他们之间的差别。他们之间的差别，有两个层次：一种是对权利见解的差别，另一种则是规范式论述和实证式论述的差别。

关于权利的论述，哈里斯和德沃金以及宾默尔和波斯纳（经济分析）所描述的故事，有几点很明显的差异。首先，在经济学者的故事里，探讨权利的材料，是真实的世界；无论是波斯纳的原始社会或宾默尔的风中之船，都是具体的、曾发生或会发生的事实。可是，在法律学者的故事里，探讨权利的材料，是一些抽象的理念。

其次，"真实"和"理念"的重要差异之一，是支持"权利"的基础不同。以真实的材料为基础，权利是由环境里的条件所支撑、所雕塑。以理念为基础，权利的来源，是诉之于论者或读者的信念；如果论者或读者支持，就有某些权利，否则就没有。

最后，很重要的一点差别。在经济学者的故事里，只是"描述"权利的状态，并没作任何价值判断。在风中之船和原始社会里，权利的种类和性质，是受到当时环境里条件的影响。相形之下，法律学者的故事里，对权利都直接间接地作出价值判断。无论是"人的尊严"或"选择的自主"，都隐含某种价值上的臧否。

当然，经济学者和法律学者的这些差异，不只出现在对"权利"的论述上；更根本的，是他们的论述一向具有不同的性质，也就是"应然"和"实然"、"实证"和"规范"的差别。

规范式的论述，先提出一些简而自明、一致赞同的原则、理念或价值；然后，再以这些原则、理念或价值为基础，作进一步的推论。因此，这些原则、理念或价值，可以看成是预设的立场；以这种特定的立场为前提，再作申论。相形之下，实证式的论述，没有预设的立场或立论的前提；而是以实际情况、已经发生的事、出现的现象为材料，由这些材料里归纳出某些"规律"。如果这些规律普遍成立，就可以用来解释类似或其他的社会现象。

因此，规范和实证式论述最大的差别，就是理论的性质不同。"理论"（theory），简单地说，就是对因果关系（causal relationship）的探讨；而因果关系最简洁的呈现方式，就是"若 A 则 B"。因此，1+1=2 是一个小理论，因为这个等式符合"若 1 加 1，则等于 2"的结构。

在规范式的论述里，"若 A 则 B"的内涵，可以说都是一些抽象的概念；譬如，"若"赞成人的尊严很重要，"则"理当支持某种财产权的结构。可是，无论是前提或结论，都是诉之于原理或读者本身的理念，而不是诉之于真实世界里的实际现象。无论是哈里斯或德沃金的论述方式，在性质上都是如此。

相对地，在实证式的论述里，"若 A 则 B"的内涵，都是由实际发生的材料来充填。譬如，在宾默尔的故事里，"若"亚当和夏娃置身在暴风雨里飘摇的扁舟上，"则"两人之间的相对关系会以体力来决定。同样的，在波斯纳的原始社会里，"若"资源匮乏、信息不足，"则"以明快有效（成本最小）的方式处理纠纷。无论是前提或推论，都是以实际材料为主；论者的工作，只是由材料中归纳出已经存在、隐藏在材料之下的因果关系而已。

"若 A 则 B"，是一种条件式的论述（conditional statement）。规范式论述最大的弱点，是不能根据立论，作平实有效的引申。也就是，当"前提"改变时，不论朝哪一个方向变动，在规范式的论述里，并不能描述或预测"结果"将如何变化。譬如，"若"人的尊严变得比较不重要，"则"人们应该先放弃言论自由或婚姻自由？相对地，实证式的论述是以实际现象为材料，所以很容易推测变化的方向。譬如，"若"亚当和夏娃发现他们置身在计算机前，"则"两人之间的相对地位会以体力之外的因素来决定；"若"原始社会的建材由茅草变为泥土，"则"言语词汇将会开始变化——人前一套、人后一套。

新兴的法学经济学，所以能长驱直入法学，主要就是经济分析有一套强而有力、以因果关系为中心的理论。下面的故事，就是探讨在实际社会里，夫妻之间的相对权利。


## 约法哪三章？


在现代社会里，离婚的情形愈来愈多；两人一旦决定分手，子女归属的问题固然麻烦，财产的划分也不简单。就财产的部分而言，在法律上到底怎么处理比较妥当，是理论和实务上都很有挑战性的问题。

在传统的（父系）社会里，男主外女主内是常态；因为先生在外抛头露面，所以房产土地等契约，大半都是登记在先生的名下。一旦离婚，女方讨价还价的能力很薄弱，因此往往承受很大的委屈。

不只是在传统社会如此，即使现代工商业社会里，情况也相去不远。在大学毕业后，年轻的夫妇不容易同时继续深造；因此，大半是先生继续读研究所，而太太开始工作支持先生。等先生读完研究所，成为律师、医生、工程师，太太就辞职回家生儿育女。经过一段时间，先生不但有相当的社会地位，也拥有相当的财产。不过，当年共患难的牵手，可能已比不上年轻貌美的竞争者；然而，如果在这时候离婚，先生可以证明：家里大大小小的东西，都是他所赚得的。

可是，这只是表象。为了先生的工作事业，太太牺牲自己的青春和机会；而且，在家养儿育女和操持家务，也是实质的贡献。事实上，经济学家曾经估算过，妇女在家里所做各种事情的价值，平均大约是丈夫收入的 70%。因此，妇女对一个家庭总值的贡献，大概是 40%（0.7/［0.7+1.0］）。

既然如此，离婚时双方各得财产的二分之一（50%），其实是合情合理的做法。二分之一，是有理论和实证支持的基准点。

不过，工商业社会里也出现了一些有趣的现象：超级巨富的诞生。这些超级巨富，通常是因为夫妻之一非常特别；凭借着个人的魅力或特殊才华，累积了过去的人所无法想象的财富。而且，对于这些奇才异能之士而言，不论和谁结婚，大概结果都差不多——想想迈克尔·杰克逊和微软的例子。在这些情形里，要认定另一方的贡献一定接近二分之一，似乎有些勉强。

因此，1/2—1/2 可能不再是好的基准点。这时候，可以有两种替代方案：一方面，可以估量夫妻双方中"另一方"实际付出的价值；另一方面，如果夫妻双方在结婚时有特殊约定，也可以特殊的约定为准。（诺贝尔奖得主罗伯特·卢卡斯离婚时，才华已露；因此，婚约里有一条：若将来卢氏在离婚若干年内得到诺贝尔奖，则太太可得一半奖金。后来，卢氏果然在离婚后获奖，夫妻两人皆大欢喜。）

不过，在另外一些"超级巨富"的事例里，情形又要复杂些。如果夫妻两人之一，在开始协议离婚时买了张彩票；在完成手续后彩票开奖，中了巨额奖金（譬如五千万美元）；这时候，大笔的财产和个人魅力才华都无关，双方的"贡献"其实也都微不足道。中大奖，可以说纯粹是运气，怎么办？

如果婚前两人设想过这种景况，大概都会同意：不论谁买彩票，中奖的奖金两人平分！因此，在"超级巨富"的情形下，还是有可能回到 1/2 —1/2 的基准点。然而，1/2—1/2 也不一定是通则。如果是太太买彩票，可能会声称（并且取得佐证数据）：过去从来没有（或很少）买彩票；就是因为要庆祝离婚，所以才买一张彩票。在这种情形下，先生大概很难反驳：自己对离婚有贡献，而离婚是买彩票的"因"，所以自己对飞来的横财有贡献、也应得二分之一的奖额！

由这种转折里，或许可以归纳出一点法学上的智慧：客观的公平正义并不存在，而特定时空下的公平正义，是由环境里的相关条件所烘托而出的！

清官难断家务事，所以更需要找到好的基准点，作为参考坐标。


## 联结


由前面的对比分析里，传统法学关于权利的论述，似乎漏洞百出，甚至一无可取。那么，为什么类似的论著，会在传统法学辉煌高贵的传统里延续不断呢？而且，即使在今天，哈里斯和德沃金等人的观点，还是东西方法学界的主流。传统法学里规范式的论点，是不是也有一些隐而未显的优点，没有得到经济学者的青睐呢？

仔细想想，哈里斯和德沃金式的论述，其实有一些优点。而且，这些优点，也符合宾默尔和波斯纳式的经济分析。那就是，由比较抽象的角度来看，规范式的论点，也隐含某种成本效益的内涵。

首先，规范式的论述，通常是开宗明义，列举一些抽象的价值，作为推论的基础；譬如，人的尊严、选择的自由等等。在任何一个稍稍上轨道的社会里，对绝大多数的人来说，都会接受和支持这些价值。更何况，这些价值的背后，往往有历史上赫赫有名的哲学家为后盾。再加上，历代法律学者自成体系，彼此援引。因此，在法学论述里，以抽象的价值为讨论的基准点（benchmarks），很容易得到读者或其他学者的认同。

其次，在一个稳定的社会里，价值体系比较扎实沉稳；以某些核心价值作为论述的前提，不会有太多争议，而且容易得到共鸣。但是，另一方面，核心价值，通常只是一些抽象的概念，而不是具体的实物（人的尊严和选择的自主，都很抽象；牛奶和面包，都很具体）。既然是抽象的理念，在论述时就有相当的弹性，有很大的空间可以发挥。因此，规范式的论述，既有不容争辩的基础，又有自由挥洒的空间；作为论述的形式，显然有相当的吸引力。

再次，当社会秩序稳定时，核心价值像是明可鉴人的结晶体；一旦碰上棘手的法学或社会问题时，很容易以核心价值作为思考上的着力点。譬如，同性恋的配偶，有没有领养子女的权利？在思索这个问题时，一般人几乎会自然而然地想到：同性恋的父母，是否也有基本权利？等着被领养的子女，是不是也有某些基本权利？这是传统法学里，典型的、规范式的思维方式；相形之下，对于同样的问题，实然式的思维问得比较世俗：如果容许他们领养子女，会造成哪些后果？这些后果，好或是不好？两相对照，在某些问题上，规范式的论述似乎更直截了当、更有说服力。

最后，规范式的论述，隐含了"应然"的观念；也就是说，事物的状态"应该"如何。譬如，人应该享有尊严，人应该有选择的自主性等。这些应该，就具有"标杆"（yardsticks）的性质。即使在实然上，现况不符合标杆；但是，这些标杆提供了谋求改善、努力向前的方向。如果一直停留在实然面的分析上，将永远只是描述和解释现状而已。因此，规范式的论述，可以说是表达了某些人同此心、心同此理的价值；这些价值，刚好可以成为人们自我改善和改进现况的标杆。

因此，规范和实证的论述，各有功能。借着实证式的论述，可以了解事物的来龙去脉、隐含的因果关系，以及变化调整的可能性。借着规范式的论述，可以掌握一些抽象的理念以及所隐含的价值体系。规范式的论述可以指引革新的方向，而实证式的论述可以检验可行的步骤！

至于先后次序，当然是先实证再规范；先了解是什么、为什么，才能讨论应如何。

## 结语

在这一章里，我试着陈述两个重点：一方面，我描述对于"权利"这个概念，传统法学和经济学者见解上的差别；另一方面，我试着呈现出规范式和实证式论述的区分。

在这一章的题目下，我列出了四个口号。这四个口号都广为人知，甚至是掷地有声、令人豪气干云、抛头颅洒热血；可是，很少人认真探讨过：这些口号，到底是规范式的呼吁、主张或期许，还是实证式的描绘、刻画或陈述？

**相关文献:**

（1）Binmore, Ken. *Playing Fair: Game Theory and the Social Contract I*, Cambridge: The MIT Press, 1994.

（2）Dworkin, Ronald M. *Taking Rights Seriously*, London: Duckworth, 1977.

（3）Harris, J. W. *Property and Justice*, Oxford: Clarendon Press, 1996.

（4）Malloy, Robin P. "Is Law and Economics Moral? ——Humanistic Economics and a Classical Liberal Critique of Posner's Economic Analysis", in Robin P. Malloy and Jerry Evensky eds., *Adam Smith and the Philosophy of Law and Economics*, Netherlands: Kluwer Academic Publishers, 1994.

（5）Posner, Richard A. *The Economics of Justice*, Cambridge, MA: Harvard University Press, 1981.

（6）"Law and Economics is Moral", in Robin P. Malloy and Jerry Evensky eds., *Adam Smith and the Philosophy of Law and Economics*, Netherlands: Kluwer Academic Publishers, 1994.

# 第五章

## 个体行为和总体现象

法律愈严，犯错的价格愈高；反之，亦然。因此，在设想法律时，就可以参考经济学中的需求法则所透露出的信息。

在经济学里，最概括、也最简明的划分就是"个体经济学（microeconomics）"和"总体经济学（macroeconomics）"。可是，在经济学前面加上了"个体（micro）"和"总体（macro）"，在意义上到底有什么差别？这一章，我将试着阐释总体和个体的差别，并归纳出个体经济学和总体经济学里的主要智慧。本文的前半部分是个体经济学，后半部分则是总体经济学。首先，我将尝试为以下的铺陈作个引子。

首先，是关于个体经济学。即使经济学号称是社会科学之后，而且被认为是具有帝国主义般的霸气，可是这些可能只是虚名而已。由亚当·斯密的《国富论》开始，经过两百多年来经济学中许多出类拔萃学者的努力，经济学所能掌握的其实还是相当有限。根据诺贝尔奖得主科斯的看法，目前经济学者唯一能坚信不疑的，只有"需求定律"而已。而且,即使需求定律简洁明了——价格和数量呈反方向变动——然而连这一点都经常受到质疑。在股市里,不是常有价量齐扬的现象吗?有些具有炫耀性的奢侈品愈贵,买的人愈多。这不都是价格和数量呈同方向变动吗?

在这一章的前半部分,我将为需求定律作出辩护。一方面,我将说明:表面上看起来,某些现象好像是价格数量往同方向变动;不过,经过适当的阐释,这些现象其实本质上还是符合需求定律。另一方面,我将利用一个关于同性恋的实例,阐明在诸多社会现象背后,其实都是因为需求定律所发挥的作用。因此,由这两方面的论述,我希望为需求定律无远弗届的威力(或魅力)作一脚注!

其次,关于总体经济学,先要为个体和总体这两个名词澄清一下。其实,个体和总体都是由英文翻译而来,也有人翻译成"微观"和"宏观",或"微视"和"巨视"。不论采取哪一种译名,让我们先用一些例子来反映"个体"和"总体"的差别:

·考试时有一个人偷翻笔记,这是个体行为;考试时有很多人彼此传纸条、互相参详,这是总体现象。

·看职棒时一个内野观众站起来大喊"裁判加油",这是个体行为;在有人带头下,球场里的观众形成波浪起伏,这是总体现象。

·年轻的夫妻决定只生一个孩子,这是个体行为;一胎化政策造成一群桀骜不驯、唯我独尊的"小霸王",这是总体现象。

·家里的小朋友感冒生病,这是个体现象;幼儿园里小朋友彼此传染、轮流（循环）生病，这是总体现象。

·一家人决定利用连续假期外出度假，这是个体行为；连续假日前一天和最后一天在高速公路上大塞车，这是总体现象。

由这些不同的事例中，可以归纳出"个体"和"总体"的重要差别："个体"通常是指单一的行为者（一个人、一个家庭、一个公司等等）所表现出的行为；相形之下，"总体"则是指一个以上行为者，彼此行为互动之后，所呈现出的现象。因此，研究个体现象的，就称为个体经济学；研究总体现象的，就称为总体经济学。当经济学往外扩展，进入法律、政治、社会学领域时，大部分是研究个体现象的个体经济学者（micro-economists）。主要的原因，是个体部分的问题比较具体，比较容易掌握。

但是，这并不表示总体经济学里的智慧，对其他领域不重要。事实上，经济学者引以为傲的"行为理论"，和总体现象密不可分。在这一章的后半部分，我希望先介绍总体经济学的主要问题、探讨的几种方法，再阐释这些分析方法和法学的关联。

## 三个案例

在这一节里，我将利用三个事例，从不同的角度论证：需求定律确实放诸四海而皆准。

## 价量齐扬

当股市火热时，经常会看到这种现象：某些股票，价格愈高，成交量愈大；价格愈低，买的人愈少。这似乎表示，价格和数量往同方向变动，因此也就违反了需求法则。

可是，这种价量齐扬的现象，可以从另外一个角度来解释：股票市场里有千百种股票，对投资人而言，要找到会赚钱的股票并不容易；因此，当某种股票的价格持续上升时，正表示买这种股票比较可能赚钱。所以，就"获利的机会"而言，这种股票所隐含"获利机会"的价格下降了。价格下降，买的人多，交易量变大，正是不折不扣的需求定律。

因此，只要把"价格"作适当的解读，价量齐扬的现象还是符合需求定律。

## 奢侈品

对于某些具有炫耀性的奢侈品而言，可能会有价格愈贵，买的人反而增加的现象。当然，这种现象，在性质上和流行商品的一时风潮不同。

不过，对购买者而言，买炫耀性奢侈品的重要功能之一，是能区分出自己和其他（一般）的消费者。除了显示品味之外，买这种奢侈品还能透露出较高的所得或经济能力。因此，当某种商品的价格愈来愈高时，一般人愈来愈不愿意买，或愈来愈买不起。对具有购买力的人而言，正好能把自己和其他人区隔开来。也就是，当这种奢侈品的价格上升时，有能力购买的人减少；对于有能力购买的人而言，刚好趁势展现——当"凸显自己"变得容易（价格降低）时，需求增加，交易量上升，正是如假包换的需求定律。

因此，和上一个事例的情形相同，只要把"价格"作适当的解释，奢侈品的现象还是符合需求定律。

**同性恋**

实证研究发现，和一般社会的情形相比，在军中和监狱里，同性恋的比例较高。

在军中或监狱里，往往只有同性。因为只能和同性相处，要维持原来的偏好（歧视），愈来愈困难（价格上升）。当然，当歧视的价格上升时，就少买点歧视。既然不能和异性交往，有些人就会退而求其次的和同性交往。

因此，表面上看起来和经济学或经济行为无关的现象，其实可以由需求法则的角度，作出一针见血的解释。

## 需求定律一以贯之

由前面的三个事例里，可以试着推论出一些有趣而重要的体会。首先，"价量齐扬"和"奢侈品"的现象，表面上是价格和数量同方向变动；但是，解释上经过适当的转换，仍然是符合价量反向变动的需求法则。而"同性恋"的事例，则精致而传神地反映出，需求法则的作用几乎无所不在。而且，在前两个事例里，货币或名目价格并不是焦点所在；经济学者所关注的，是名目价格所隐含（或所透露出）的讯息，以及这种讯息对行为的影响。在第三个事例里，并没有货币价格；但是，抽象的价格（和异性交往的困难与否），却依然会影响行为。因此，经济学（者）所关注的价格，在本质上其实是一种有相对高低的价值。

其次，延续上一点，需求法则所反映的，是人（和其他生物）会基于理性和自利，有意识无意识地选择自己的行为，以求增进自身的福祉。需求定律所隐含的，就是人（和其他生物）趋利避祸、自求多福的行为，而这些行为会呈现出价量反向的规律性。换言之，人（和其他生物）的行为，会受到诱因的影响；当环境里的诱因改变时，行为也会跟着改变。因此，只要某种行为发生变化（买股票、买奢侈品、有关性的活动等等），就可以尝试探究造成这种变化的原因。由此可见，需求法则确实威力无穷；经济学（者）的贡献，就是以简驭繁，把千奇百怪社会现象背后的共同脉动，利用需求定律一以贯之地表达出来。

再次，既然人（和其他生物）会受到诱因的影响，因此需求法则透露了一点重要的启示：在设计组织和制度时，不能忽视价量反向变动的铁律。例如：在机关里，当说真话的成本（价格）上升时，说真话的人会愈少；在家庭里，父母让子女亲近自己愈困难（价格愈高）时，子女愈不会亲近父母。

最后，和上一点观念相通，但做法刚好相反：在设计游戏规则时，值得有意地提高某些行为的价格（成本），以发挥游戏规则的效果。譬如，对个人而言，会选择由松到紧的许多规则或信念——不吃巧克力冰淇淋、不和配偶吵架、不向神撒谎等等。而且，为了使这些规则或信念发挥作用，还会搭配上相关的奖惩机制。对于愈重要的规则，当然愈希望遵守而不违背；因此，就会有意无意地标出较高的价格，以降低需求量。譬如，受不住诱惑而吃巧克力冰淇淋，代价（价格）是懊恼一天；和配偶吵架，代价是悔恨一星期。价量的反向关系，依然存在。同样的，对社会而言，宪法和法律修改难易上的差别，显然也是基于类似的考虑：修改宪法的困难度，使修改宪法次数（需求量）减少，使宪法的稳定性增加，以发挥更大的功能。当然，无论是个人或社会的游戏规则，设定维持规则的适当价格，可以说是最困难的部分。

下面的故事，是对需求法则进一步的运用。

## 迟到的代价

在社会科学里，经济学是唯一享有"科学"这种称号的学科。而且，这不只是经济学者们之间自我标榜而已——在自然科学之外，经济学是唯一设有诺贝尔奖的学科。可是，即使经济学号称是社会科学之后，根据诺贝尔奖得主科斯的看法，目前经济学者唯一能坚信不疑的，只有"需求定律"而已。而且，即便需求定律简洁明了——价格和数量呈反方向变动——可是连这一点都经常受到质疑。两位欧洲学者最近发表的一篇论文，就提出非常有趣的反证。

在以色列，托儿所育幼的时间是上午7点半到下午4点；虽然大部分的父母都准时在 4 点之前接走子女，可是也总有少数父母会迟到。两位学者福至心灵，针对 10 个托儿所进行实验：凡是迟到 10 分钟以上的父母，要缴罚金以币 10 元（相当于新台币 85 元）——在以色列，闯红灯罚台币 8 500 元，遛狗不拣狗屎罚 2 400 元。

根据需求法则，价格上升，需求量会下降。因此，有了罚金之后，迟到的父母应该减少才是。可是，事实恰恰相反；更精确一些的说法是，迟到的父母几乎变成原来的两倍——价格上升，需求反而增加！

对于这种"异常"现象，两位学者提出好几种可能的解释。其中比较有说服力的，是从"规范"的角度提出分析：当迟到不罚钱时，老师照顾孩子是额外负担，所以父母会于情于理、尽可能避免；可是，一旦有罚金，等于是把"逾时照顾"变成一种商品。既然是有价商品，当然可以视个人情况，按价购买。因此，迟到的父母增加，其实是价格机能发挥作用。

而且，由需求法则的角度着眼，价量反向变动的关系依然成立！当没有罚金时，老师对于逾时未领的孩童，事实上没有法律责任；因此，孩童们的安危，迟到的父母必须自负其责。有了罚金之后，老师等于是对逾时托婴收费；因此，孩童们安危的责任，已经转到老师的身上。

也就是，在没有罚金时，迟到的父母（对子女安危）要负责任的代价高；有罚金时，迟到的父母要负责的代价低。当代价高时，就少买一些（迟到）；当代价低时，就多买一些（迟到）——追根究底，还是价量反向变动！

这些论述，似乎反映需求定律真是无所不在，而经济学者也似乎真有自许的条件；这是不是意味着，当自许（自负?）的价格低时，就会多买些自许（自负)？

小结一下，波斯纳法官曾说："经济学的精髓，是在于慧见而不是在于技巧"（The heart of economics is insight rather than technique)。需求法则，确实是经济学的精髓，也的确是慧见而不是技巧！

## 总体现象的分析方法

在个体经济学部分，经济学者的观点已经有相当的交集；可是，在总体经济学里，却几乎是另外一番景象。

就狭义的总体经济学而言，所关心的焦点，最主要可以说有两个：就业和增长。就业（employment）主要是关于人力资源的运用：在社会上想工作的人里，有多少人可以真正地找到工作；又有多少人会非自愿地失业？为什么经济体系里会出现周期性的起伏？在景气时是一片繁荣的好景象，而在不景气时又是一片愁云惨雾？换言之，就业问题与一个经济体系在短期内的景气循环（business cycle）有密切的关联。

相形之下，增长（growth）主要是关于一个社会长期的发展：如何把人力资源和物质资源结合在一起，以维持经济的增长？技术进步和经济增长的互动关系是什么？为什么有些社会可以在经济上持续地增长，而有些社会却举步维艰、停滞不前，甚至衰败倾颓？

把"就业"和"增长"看成是总体经济学的核心问题，主要是基于下面的考虑：亚当·斯密在1776年发表的《国富论》，公认是经济学的开山之作；而凯恩斯（John M. Keynes）在1936年出版的《就业、利息和货币通论》（*The General Theory of Employment, Interest, and Money*）则为总体经济学奠下扎实的基础。到目前为止，这两本书不仅是经济学里最出名的两本书，很可能也是最重要的两本书。《国富论》探讨的是国家迈向富强的坦途，本质上这就是"增长"的问题。《通论》主要是探讨造成20世纪30年代经济大恐慌（大萧条）的原因，以及如何挣脱失业率高达四分之一的梦魇；这当然也就是"就业"的问题。因此，"就业"和"增长"，刚好呼应了经济学两本最重要的经典巨著所关心的课题。

无论是由狭义还是广义的角度解释总体经济学，在分析方法上，有三种重要的探讨方式。

**鲁滨逊分析法**

虽然社会上有许许多多、形形色色的人，他们从事各式各样的（经济）活动；可是，对于分析某些问题而言，可以把注意力的焦点集中在一个"代表性的个人"（a representative agent）身上。针对这个代表性个人的行为加以分析，以掌握我们所关心问题的精髓。

以代表性个人分析问题的方式，可以简称为"鲁滨逊"分析法（the Robinsonian Approach）。这种分析方式有两点涵义：

第一，代表性个人含有"平均值"（the average）的意味。就像人有高矮胖瘦的区别，在经济活动上人也有多少强弱优劣的差异；因此，对某些问题而言，以"平均"的方式可以过滤掉彼此行为上的歧异，而专注于问题的关键所在。

第二，在处理和探讨某些问题时，个体和个体之间彼此互动的因素可能不是重点。这时候，借着一个代表性的个人可能最能凸显出问题的关键。譬如，得到1995年诺贝尔经济奖的卢卡斯，就曾经在许多篇处理货币功能和经济增长的论文里，采取代表性个人的（鲁滨逊）分析法来处理一些较抽象的问题。

**主要球员分析法**

在分析任何一个社会现象时，值得逆推回去，由形成这个现象的主要因素着手。譬如，在报道美国总统大选时，大家关心的焦点主要是民主党和共和党这两大政党的候选人，以及偶尔出现以独立派身份参选的无党籍人士；过去在分析国际形势时，往往以美苏第一世界、其他发达国家第二世界、中国等不发达国家第三世界来划分。同样的，在探讨产业结构时，通常不会注意个别的厂商，而把所有的厂商归纳为制造业、农业、商业、服务业等几个大类。因此，由以上的几个例子可以清楚地反映出，分析某些问题时，焦点可能集中在少数几个"主要成员"或"主要组成分子"；这些主要成员的行为，会影响乃至于决定最后的结果。因此，要厘清问题的关键，就值得以这少数主要成员的行为为主。

对于这种分析方式，可以称为"主要球员"分析法（the major players' approach）。

### "个体过渡到总体"分析法

要掌握"个体过渡到总体"分析法（the micro-to-macro approach）的精神，最好是通过对下面所描述景象来体会：

如果你和两个好朋友一起去吃西餐，讲好花费由三个人平均分担；那么，当你点自己的餐饮时，你不太会慷他人之慨地多多益善。因为，虽然你点的东西有三分之二的花费是由另外两位朋友负担，可是你也要负担他们两人花费的三分之一。如果你多点的话，朋友就要多负担；朋友即使不讲，心里也许会有点嘀咕；反之，亦然。因此，将心比心的结果，是每个人点的大概会和自己一个人单独进餐时所点的差不多。三个和尚也许会有一丁点儿浪费，但绝不会多。

可是，如果你现在是参加公司聚餐，总共有三十个人，花费也是由大家平均分担；情况很可能就大不相同了。你少点一些，别人只少付三十分之一；你多点一些，别人也不过多负担三十分之一。而且，你克己复礼、别人却不一定见贤思齐，因此你又何必当傻瓜；为什么不趁这个机会痛快淋漓地大吃一番，即使浪费一点也无妨。人同此心、心同此理的结果，是每个人最后所点的会远超过三个人吃饭，或自己一个人进餐时所点的；而每个人最后所分担的，也就远远高过自己一个人单独进餐时的花费。

由以上的描述里，可以反映出"个体过渡到总体"分析方式的特色。这种分析方式有几点值得强调：首先，总体现象反映的是个体行为汇总之后的结果；因此，要探索总体现象所隐含的因果关系，不能忽略总体现象的个体基础（micro-foundation）。其次，对有些问题而言，总体现象不一定是个体行为单纯的加总；在由个体行为过渡到总体现象的过程里，会有扩大（一加一大于二）或压缩（一加一小于二）的可能。因此，在代表性个人和主要成员之间的过渡过程，不但不能（不应）忽视，而且事实上往往是问题的关键所在。再次，虽然在个体（家庭、厂商）行为和总体现象（就业、增长）之间，有相当的鸿沟；可是，愈来愈多的经济学家相信：只有奠基于稳固的个体基础，才可能对总体现象提出较深入而正确的解释。

因此，有个体基础的总体经济学（macroeconomics with micro-foundation），不但逐渐成为总体经济学里的"显学"，而且更是解决失业、通货膨胀、经济停滞等总体经济问题的希望所系！

## 分析总体现象方法上的取舍

虽然前面介绍了三种分析方法，但是抽象地看，其实是"一种"。鲁滨逊分析方法，表示环境里有许多重要因素，普遍地影响了每一个人；因此，任何代表性的个人，都具有这些特性。换个描述的方式，就是环境里某些主要的因素（主要球员），雕塑了最后的结果。再换个方式来描述，就是由环境里一些个别的因素，经过汇总之后，呈现出一个整体的现象。

由此可见，表面上看，是三种分析方法；但是，在本质上，其实彼此相通，可以一以贯之。另外，当分析总体问题时，在鲁滨逊分析法、主要球员分析法和个体过渡到总体分析法中，到底采取哪一种较好呢？

一方面，研究社会科学的目的，是希望能提出对于社会现实所隐含"因果关系"更好的解释；因此，判断学术研究好坏和贡献大小的尺度，最后还是在于这项研究是否增进了我们对这个问题的了解。也就是说，分析方法之间没有必然的高下是非之分；对于不同的研究主题，可能最好采取不同的探讨角度——对一个摄影师而言，不论是正面打光或背面打光，只要能照出好照片，就是好的打光法！

另一方面，既然针对不同的课题，可以（值得）采取不同的分析方法。因此，分析方法之间没有绝对的高下好坏之分；同样的观点也适用在"研究主题"上。在不同的时空环境下，"就业"问题和"增长"问题的重要性不一定相同；对不同的社会而言，当然更是如此。

下面的故事，是主要球员分析法的具体应用。

## 永远的"卫尔康事件"

几十年之后，也许在一年当中的某一天里，晚间电视新闻的最后一小段"历史上的今天"时，画面上出现的是一个火灾过后的景象；旁白的字幕是简单的几个字：台中市卫尔康西餐厅发生

104

大火，夺去 64 条人命。

对于死难者的家属亲友而言，不论时间多么久远，可能心情上永远有思之凄楚的感怀；不过，对于社会上其他的人而言，随着时间的消逝，也许比较容易略去情怀上的起伏而思索这个不幸事件的意义……

在大火之前，早就有各种相关的法令：营业场所和住宅区的划分、餐饮业的安全消防设施等等；政府各主管机关也有层层检查和处分的程序。不过，法令规定是一回事，人实际上的做法是另一回事。

对业者而言，要在装潢上符合各种规定所费不赀，而且增加营业成本；不妨走在法律边缘的灰色区域，然后利用一（小）部分省下来的钱去疏通环节。万一真的违规受罚，总可以找到民意代表出面。对民意代表而言，为了照顾选民以维护选票，当然会义不容辞地出面说情。对行政官僚而言，预算操在民意代表手里，在小地方"情理兼顾"自然是利人利己。因此，在这个由业者、民意代表、行政部门官僚所组成的"生态体系"里，没有人愿意（也没有人能够）规规矩矩地"照规定来"。这种现象，再加上一般消费者在承平日子里不容易有警觉之心，就刚好因循渐渍而形成一种"危险的均衡"——实际的执法水平可能只及法令规章的 60%！

一场大火等于是对这个生态造成一次冲击，震撼而且动摇了维持这个生态的各个支柱：对业者而言，为了能吸引消费者上门，最好主动做一些改善。对于民意代表而言，在业者再要求说情时，也可以婉转地告诉业者：人命关天，现在不好说情。对于负责执

105

法的行政部门而言，事情也比较容易处理。一方面在执法时可以要求得严格一些，一方面也比较容易挺起腰杆、婉拒民意代表的说情。因此，"大火"这个因素促成生态的转变；在业者、民意代表、行政官员各自改过之后，执法的水平可能严格了一些——由原来的60%变成70%或75%。

不过，执法程度的提升不一定能持久。当大火的记忆渐渐地模糊褪色之后，故态复萌的种子很可能又开始悄悄地萌芽、蔓延；违规受罚的业者可能又找上民意代表，而面对选举的民意代表可能又会"试试看"，行政官员也可能又为预算不得不折腰……结果，执法水平慢慢下降，可能回到65%，比大火之前好一点点；当然，也可能又落回60%，或更低。

"卫尔康事件"，显然是这种"生态"转折起伏过程中的一个环节；事实上，不只"餐饮安全"是如此，其他的社会现象也都有这种特性：社会发展的轨迹不一定是往前进展，而大部分是锯齿状的进进退退。而且，在每一个环节的转折上，背后都隐含着造成转折的某种内在或外在因素的刺激；否则，社会就停留在"均衡"的状态上，不管那是一种好的均衡或不好的均衡。

更重要的启示，是任何一个"生态"都是由一些相关的人所支持，而人在取舍时绝大部分都是各为其利。只有当每个人基于各为其利的考虑、彼此配合牵制、而能支持一个"好的生态"时，令人满意的现象才可能出现。否则，在良知道德上的呼吁，将只是一厢情愿的空谷足音而已。

不过，即使真的促成了社会在某个层面上的进展，大大小小的"卫尔康事件"显然都是不好（不幸）的事件；相形之下，有哪些是促成社会进展"好的事件"呢？怎么样才能让那些事件出现呢？

在分析社会现象时，先试着辨认出形成这种现象的"主要球员"；然后，再由主要球员的性质，评估社会变迁的意义和可能性。

## 结语

在这一章里，我尝试呈现出经济学的一些智能。在个体经济学部分，主要是对需求法则的描绘；在总体经济学部分，主要是说明分析的方法。

需求法则，核心观念是价量的反向关系。价格，当然不一定是货币的价格，而可以是心理或精神上抽象的价格。需求法则的精神，是价格的高低会影响人的行为，而且是在特定的方向上。考特（Robert Cooter）和尤伦（Thomas Ulen）的《法律经济学》（*Law and Economics*）教科书里，就明确地把法律看成是一种"价格"。法律愈严，犯错的价格愈高；反之，亦然。因此，在设想法律时，就可以参考需求法则所透露出的信息。当然，一般人在行为取舍时，可能没有体会到"价格"的高低；行为的取舍，可能是基于其他的考虑。在这一点上，法律学者有很多的疑虑，而经济学者还有很漫长的路要走。

另一方面，价量的反向关系要发挥作用，必须是当事人已经体会到"价格"的意义。譬如，飙车族或摇头族，对于违法所隐含的价格（成本），如果并没有切肤之痛，在行为上就不会有所因应。同样的，少男少女，对于未婚怀孕的价格（成本），感觉可能很模糊。因此，如何让行为者体会到"价格"的实质内涵，显然是经济学者和其他学科学者努力的方向。

在总体经济学方面，和法学至少有两点明显的关联。一方面，各种分析总体现象的方法，都是思考上的工具；在面对官司或其他法学问题时，可以参考和利用这些分析方法。另一方面，官司虽然都是个别事件，但也都是许多因素交互运作后所造成的。因此，在评估个别官司的意义时，值得把个别官司放在一幅较大的帷幕上；借着较宽广的背景，烘托出个别官司的较完整的意义。

研究法学问题的经济学者，目前绝大多数都是属于个体经济学的范围；总体经济学者共襄盛举的日子，可能也不会太远了！

**相关文献：**

（1）Coase, Ronald H. "The Institutional Structure of Production: 1991 Alfred Nobel Memorial Prize Lecture in Economic Sciences." *American Economic Review*, 82 (4), pp. 713–19, 1992.

（2）Cooter, Robert D. and Ulen, Thomas. *Law and Economics*, 2nd ed., Reading, MA: Addison–Wesley, 1997.

（3）Freedman, Estelle B. "The Prison Lesbian: Race, Class, and the Construction of the Aggressive Female Homosexual, 1915–1965." *Feminist Studies*, Vol. 22, pp. 397–423, 1996.

(4) Harvey, A. D. "Some Queer Goings-on in the Trenches", *New Statesman*, Vol. 12, No. 538, pp. 30–31, 1999.

(5) Heilbroner, Robert. *21st Century Capitalism*, New York: Norton, 1993

(6) Jones, Franklin D. and Koshes, Ronald J. "Homosexuality and the Military", *American Journal of Psychiatry*, Vol. 152, No. 1, pp. 16–25, 1995.

(7) Keynes, John Maynard. *The General Theory of Employment, Interest, and Money*, London: Macmillan, 1936.

(8) Lucas, Robert. "Expectations and the Neutrality of Money", *Journal of Economic Theory*, 4, pp. 103–124, 1972.

(9) Posner, Richard A. *Sex and Reason*, Cambridge, MA: Harvard University Press, 1992.

(10) Smith, Adam. *The Wealth of Nations*, New York: Random House, 1937 (1776).

# 第六章

## 故事书里的故事

虽然平等和效率、政治和经济，都是天壤般的差别。
但这种看似矛盾的组合，或许是巧妙无比的天作之合。

每年放寒暑假之前，总是有一些学生问我，想利用假期看点书，可否介绍一两本好书？

　　对于大学生，我总是要他们去看小说，譬如金庸或高阳的作品。好的小说，对人情世故有深刻的描述；特别是对人性的刻画，能增进学生对社会科学的体会。对于研究生，我会看情形而定；如果列了书名，我通常会提醒一下：除了看故事的内容之外，最好也试着感受作者是怎么说故事的！我这么提醒，是因为在任何一个学科里，研究的主题和研究的方法（analytical approach）都是非常重要；可是，一般人往往着重前者，而忽略了后者。

　　在这一章里，我将回顾过去读过的几本论著。这么做，一方面是介绍和阐释这些论著的慧见（insights）；另一方面，则是希望在经济分析和法学研究之间，能作一连接。由经济学者所说的故事，过渡到法学里的故事。


## 简单的问题


《平等与效率——重大抉择》（*Equality and Efficiency：The Big Tradeoff*），是 1975 年出版的一本小书，只有 124 页；但是，出版近三十年之后，这本书还是经常被其他学者引用。

作者奥肯教授（Arthur Okun），美国人，是一位总体经济学者，论述等身；在约翰逊总统任内，他曾担任首席经济顾问，因此对理论和实务都相当娴熟。当他快退休时，回顾自己的所学所知，写成这本脍炙人口、影响深远的小书。

在性质上，与其说这本书是对经济活动（和经济学）的辩护，不如说是对经济分析的反省；奥肯由宽广的角度，比较经济活动和政治活动的差别，并且提出深刻的观察，以及许多发人深省的问题。在内容上，奥肯则是紧扣"政治"和"经济"这两大主题，反复铺陈论证。具体而言，在政治领域里，最高指导原则是"平等"（equality）；譬如，每个人都只有一票，每个人都要受教育和纳税，每个人的基本权利都会受到保障等等。相形之下，在经济领域里，"效率"（efficiency）是最高指导原则；优胜劣汰，适者生存，富者阡陌万里，贫者无立锥之地。因此，政治和经济这两个领域，是采取截然不同的游戏规则。

虽然平等和效率、政治和经济，都是天壤般的差别；可是，在现代资本主义社会里，却兼容并蓄，让两种力量在两个不同的领域里各逞其能。而且，追根究底，或许这种看似矛盾的组合，是巧妙无比的天作之合。以效率为经济活动的指导原则，可以提供适当的诱因，使企业家享受求新求善求美的果实；因此，社会有往前进展的动力。另一方面，以平等为政治领域的指导原则，消极地可以缩减贫富强弱的差距，积极地可以提供立足点的平等，也就是公平竞争的机会。

在书里，奥肯还有很多佳言警句。譬如，他提到："由伦理的观点为资本主义找理由，完全没有道理；可是，由效率的观点来看，却非常有说服力。"还有，他认为："资本主义和民主其实是很不恰当的组合；不过，也许这正是它们需要彼此的理由——求平等而不失理性，求效率而不失人性。"对我而言，多年前读这本书之后，书里的一句话，一直鲜明地留在我的脑海里："在考虑基本权利（right）时，不要忘记潜在的成本。维持言论自由的权利比较便宜，提供免于饥饿自由的权利比较昂贵。"

在思考权利和其他价值时，这句话一针见血地标出经济学者的忠告：权利的背后，一定有资源的付出；运用资源时，不得不有成本的考虑！

## 生动的事实

和奥肯引人深思的呻吟相比，埃尔斯特（Jon Elster）、利贝卡

115

普（Gary Libecap）和拉姆齐尔的实证研究要平铺直叙得多。虽然他们的出发点不同，在目标上可能殊途同归。

埃尔斯特在芝加哥大学政治系任教，但是论著涵盖哲学、政治、经济。他所编的书，书名就很有意思：《美国的地域性正义》（*Local Justice in America*）。千百年来，不知道有多少智者贤者，讨论过"正义"这个主题。但是，很奇怪，千百年来的讨论，几乎都是在概念思维里打转。相形之下，埃尔斯特别出心裁地提出了个小疑问：在真实的世界里，到底人们怎么运用"正义"这个概念？这个对问题的切入点，有点呼应胡适之的名言：拿证据来！在概念层次上辩难，可能各说各话；不如让证据来说话，看看真实世界里的正义。

书中除引言和结论两章之外，共有四个个案研究。

首先，是大学申请入学的制度。在美国，公私立大学，都是经过一道申请审核的手续。公立大学，由纳税义务人的钱支持，因此各种规定公开透明，向监督机关负责。可是，私立大学，向董事会负责，和纳税义务人无关。只要符合相关的法律规定，入学资格各校自己决定。

问题的关键，就在这里：私立大学新生的名额有限，如何把这些有限稀少的资源，公平合理地分配给众多的申请者？实证研究的结论是：各校通常是暗箱作业，各有各的单行法，也不愿意把做法公之于世！（试问：如果校友捐了大笔经费，校友的孩子申请入学；虽然成绩表现不甚了了，是不是还是可以有某种程度的"特殊考虑"呢？）

第二个个案，是洗肾和换肾的等候名册。洗肾和换肾，都非常昂贵。资源稀少，涉及的因素又复杂：病患的年龄、身体状况、经济状况、手术成功率、等候时间等等，交错相缠，很难明确地排出皆大欢喜的优先次序。而且，令人意外的是，有些黑人临终时，指定器官只能捐赠给黑人，而不给白人；这符合正义吗？

第三个例子，是资遣的先后次序。经济不景气，公司或工厂要资遣一部分员工；那么，要根据哪些指标呢？比重又是如何？年轻的，资浅，但是生产力可能较高；年纪大的，资深、贡献多，但是生产力可能已经走下坡路。还有，要不要考虑实际需求呢？单身的员工和家有老弱妇孺的员工，是不是该有差别？如果是，差别是多少？

最后一个难题，是美国的移民配额。世界各地，每年都有很多人想移民到美国；可是，美国所愿意接纳的人数，有一定的上限。因此，在这个限额之内，每年由国会决定分配的方式。问题的本质，还是一样：对于稀缺性资源，如何订出合情合理的游戏规则？在这个问题上，影响的因素，主要是美国国内选民的压力和国际关系的利害考虑。

埃尔斯特的结论，可以归纳成两点：一方面，正义的理念，不是超然独立于现实之外，而是被各种现实条件所影响形塑而成。另一方面，各个环境地域，有各自解读和取舍正义的方式。因此，只有地域性的正义（local justice），没有举世皆然的正义（universal justice）。

第二本实证研究，作者是利贝卡普，书名为《产权的缔约分析》（*Contracting for Property Rights*）。书中的四个个案，都是处理"共有资源"（common pool resources）的问题。其中，加州淘金热时的采矿权和得州油田的开采方式，是两个极端，分别是成功和失败的代表。

20世纪初，加州发现金矿；消息传出之后，大批民众扶老携幼，涌入加州山区，追求一夜致富的淘金梦。在矿民们来之前，矿区只是一片渺无人烟的山谷丘陵，现在可是埋藏着无穷希望的宝地；可是，人多矿少，怎么分呢？

影响矿区分配的因素，主要有几个：第一，荒山野外，政府（公权力）几乎不存在，大家要自求多福；第二，强凌弱、众暴寡，凭着拳头和快枪，可能逞快于一时，但是无法持久；第三，每个人的体力有限，贪多反而容易吃亏；第四，金矿藏在地下，从地面上看不出好坏。因此，在这些主观客观因素的交互作用之下，分配采矿权的游戏规则，逐渐浮现；大家利益均沾，而且相安无事。丛林社会里，慢慢演化出一种一致赞同的财产权结构（property rights institution）。后来，这种财产权结构，也被官方的司法体系所吸纳和承认。

第二个例子，是关于美国得州的石油勘探公司。19世纪中期，在美国得州发现石油之后，寻求黑金的人大量的涌入得州；到处有大大小小的勘探公司，希望能一夜致富。可是，虽然在地面上土地的所有权彼此泾渭分明，在地底下的石油蕴藏却是连成一气、不分彼此。每凿一口井所费可观，但不一定探得到油；然而，凿井之后，会让地下气的压力因为有孔抒解而减少，这会使其他凿井的工程和抽油更困难、成本更高。可是，对每一个勘探公司而言，当然不愿减少自己的凿井数量而成全其他人。结果是，凿井的数目愈来愈多，大家的成本也愈来愈可观。

在这种情形下，政府和有识之士就极力推动改革：希望这些为数众多的勘探公司能彼此合并，共同开发。一旦合并之后，共同持有的土地面积增大，就可以从大处着眼、选择性地凿井勘探。合并当然是个利人利己的安排，可是，问题的关键在于：合并之后，勘探的利益怎么分配？根据地表面积分成，是最明显直接的做法；不过，面积并不一定能反映价值。只要能冒得出石油，弹丸之地的价值可能要远远超过荒地千里。如果按过去勘探得油的绩效分成，也有争议；因为过去成绩好的，可能地表之下已经无油可取。类似的争执不胜枚举，结果是真正合并成功的公司非常少有。

根据资料，各逞所能的勘探方式，获油率是20%到25%；但是，采取联合勘探方式，获油率可以高达85%到90%。结果，在近3 000座油井里，只有185个局部合作协议；而达成全面合作的协定的，不到一打。到1980年为止，美国有全世界88%的油井，但是只生产全世界石油产量的14%。

利贝卡普的结论，直截了当：要了解财产权的结构，一定要弄清楚当时的舆情和民俗、过去的做法，以及相关人事的利之所在。和埃尔斯特的故事一样，财产权的结构，不是根据抽象的原则而来，而是被真实世界里活生生、血淋淋的力量所形塑。

第三本实证研究，是关于日本。作者拉姆齐尔是日本通，原先在芝加哥大学法学院任教；后来，应聘到哈佛大学，担任新设立的三菱讲座教授（Mitsubishi Professor）。在考证大量古代日本的契约和各式记录之后，他写成很特别的一本书，书名是《日本历史上的殊异市场》（*Odd Markets in Japanese History*）。

119

由三个书中的事例，可以看出他从史料里发掘出的事实和趣味。首先，是温泉（hot springs）水权的演变，而城崎地区（Kinosaki）的故事，很有代表性。这是一个位于海边的小区，以温泉著名；据说在第七世纪时，一位年迈多病的日本天皇曾经造访过当地。

20世纪初，居民有2 300人，有6座天然温泉，都开放给公众使用；居民们拥有60家旅社，接待游客。1910年，铁路网及于城崎，游客人数大增。都会区来的人偏好隐私，而为了满足他们的偏好，新的旅馆就开凿管线，把温泉直接引入客房。当新的旅馆愈来愈多时，6座公共温泉里的水慢慢减少，甚至枯竭；原来那60家老式旅社，仰赖公共温泉，生意当然大受影响。

权益受损的居民，控告新旅馆私引温泉是违法。官司结果，新旅馆胜诉。因此，新的旅馆继续兴建，也继续把温泉引入客房里。城崎愈来愈繁荣，到1960年为止，每年游客已经高达50万人。

其次，是17世纪到18世纪的童工市场。童工，指的是未成年的劳动力。在17世纪初期，日本主要是一个以农业社会为主的经济体系。在农业社会里，童工契约有三种基本的形式：第一种是长工型契约（indentures）；由雇主先付工资给童工的父母，然后长期运用童工的劳动力。第二种是以工还债契约（pledges）；当童工的父母借钱时，向债主保证，若到时无力偿还，则由子女工作数年，以工资还债。第三种是买卖或收养（sales or adoptions）；由父母将子女出卖，或以收养的方式出让童工。

拉姆齐尔发现，从1600年到1860年，经济发展带来都市化，连带地对童工市场造成很大的冲击。具体而言，他由资料中发现几点事实：在都市化发展之前，农村人口没有其他就业机会，因此会和地主签订长期契约。在都市化发展之后，人口流动性增加；长期契约无法维持，因此契约年限缩短，而且幼龄童工的契约逐渐消失。当契约变短之后，父母对子女的影响程度也下降；如果控制太紧，子女会移往城市谋生。最后，都市化提供了就业机会，而就业机会改变了农村劳动力契约的性质，连带地影响了父母子女之间的相对关系；和过去相比，子女的自主性提高。因此，和传统的农业社会相比，在一个现代化、经济活动比较频繁的社会里，劳动这种生产要素的机会要多得多，而人的尊严也随之水涨船高。

第三个实证研究，是日本的性产业。在任何社会里，性产业都具有很特殊的地位；在日本，当然也不例外。妓女、艺妓总是贫困家庭里的弱女子，被卖身到妓院或艺馆，从此过着暗无天日、惨无人道的日子，随时生活在暴力恐吓的阴影里。在日本，不只在小说报道里是如此，在学者们的笔下也是如此。

拉姆齐尔"拿证据来"的结果，呈现出一幅大不相同的景象。他由信息不对称（asymmetric information）的角度，提出理论上的解释：从女性的角度来看，投身妓女或艺妓，对自己和家人都带来名誉上的损失；而且，一旦入行，不容易转业；对于将来的收入所得，也了解有限。相对地，从妓院艺馆的角度来看，他们知道这个行业的情况，也具有承担风险的能力——可以多雇几位女性，不要把所有的鸡蛋放在一起。

因此，为了取信于女性，妓院艺馆会以优厚的预付款，和女性签下一纸长期契约（2 年到 6 年不等）。这种特殊的契约条款，就是为了解决雇佣双方的信息不对称。妓女和艺妓，未必是生活在暴力恐吓的阴影下。

拉姆齐尔搜集到很多资料：20 世纪 20 年代，妓女平均每晚接待 2.54 个客人，每个月工作 28 天；相形之下，非技术性的女工，每天工作 10 ~ 12 小时，每个月工作 28 天。同时期，妓女的收入，是女工的 1.79 倍。在东京地区，申请成为有照妓女的女性里，只有 62% 如愿以偿；以年龄分布来看，18 ~ 20 岁以下的妓女为 1104 人，21 ~ 30 岁的妓女为 3828 人，31 ~ 40 岁的为 214 人，40 岁以上的合法妓女只有 6 人。

因此，在日本，至少根据拉姆齐尔的资料，妓女和艺妓的际遇，未必像小说里或学者笔下那么悲惨。拉姆齐尔最后的结论，是这么开头的："在 12 世纪法国图卢兹地区（Toulouse），公立妓院盈余的一半，捐给当地的大学。在日本，没有这种事。日本的妓院从来没有试着用钱来收买学院派，也从来没有得到学院派的任何支持。"探讨殊异的市场，得到殊异的结论！

抽象来看，埃尔斯特、利贝卡普、和拉姆齐尔的这三本实证研究，有一些有趣的涵义。最重要的，当然是处理问题的方式。对于正义公平等理念，哲学家们可能花很多很多的时间，在各种名词概念里打转，希望能掌握这些理念。可是，社会科学学者所采取的方式，往往是"多言无益、让证据来说话"；到实际社会里，去了解这些理念的轻重宽窄、长短大小。

由一连串的个案研究里，他们三位都直接间接地一再表明：公平正义、游戏规则等，都是在环境里各种力量的交互影响下，逐渐形成；在分量上，实际力量的比重要比抽象理念的比重大得多。当然，社会科学研究者的责任，就是希望能归纳出一些"规律性"（regularity）；掌握了人类行为和社会现象的规律性，才能举一反三、预测和因应。

简单地说，他们三位的论著，都是"上穷碧落下黄泉，动手动脚找材料"的成果；他们找到了有趣的材料，也编织成有趣的故事。

## 平实的理论

上一节回顾的三本书，都算是个案研究；由一连串的个案里，萃取出精致的智慧。在这一节里，我将回顾三本理论性的巨作；虽然三本书厚薄不同（薄的 152 页，厚的 1016 页），但都提出了清晰、完整、有说服力、但很平实的理论架构。

首先，是科尔曼砖块般的大作。科尔曼是一位社会学者，任教于芝加哥大学，曾经担任美国社会学会的会长。他和诺贝尔经济奖得主贝克尔是好友，也接受贝克尔的经济分析。《社会理论的基础》（*Foundations of Social Theory*），就是他在将退休之际，呕尽心血的集大成之作。他由经济学"理性选择"（rational choice）的角度，重新组合和阐释社会学的理论。

在社会学论著里，很少有类似一以贯之、致广大而尽精微的巨作。对于他的这本书，曾经有书评表示，如果社会学也设有诺贝尔奖，那么科尔曼和他这本巨作受之无愧！我曾用这本书当教科书，觉得有两点特别值得介绍。

就内容而言，我认为"社会资本"（social capital）这部分，是整本书最精彩的部分。"社会资本"的概念，可以先用一个例子来反映。如果一对年轻夫妇在纽约市生活，那么他们很可能不敢让他们的幼龄子女自己在外面街巷附近玩耍。原因很简单，纽约这个大城市里人际关系淡薄，同一栋公寓里的邻居老死不相往来；街巷之间毒品犯罪泛滥，谁也不知道什么时候会有横祸飞来。相反，如果这对年轻的夫妇是住在摩门教的大本营——美国犹他州的盐湖城；那么，在那个宗教气氛浓厚的环境里，街坊邻里彼此都认识。不用担心小孩子会被坏人拐走，万一有大小事故发生，街坊邻居也会彼此照顾。所以，自然而然地可以放心让小孩子出去玩耍。在这个例子里，住在盐湖城的父母可能认为，环境里面有一种可以依赖的安全感；这种环境里存在的安全感，可以说就是一种可以运用和依恃的资源。

对于这种无形的资产，社会学者用"社会资本"来描述。"社会资本"的概念，对经济学者有很大的启发性；经济学里研究的多半是厂房、机器等这些有形的、具体的"物质资本"（physical capital）。最多是加上对"人力资源"（human capital）的探讨：继续教育、在职训练等，可以提升人力资本。当充沛的人力资本和良好的物质资本结合之后，就可以创造出丰硕的果实。可是，"物质资本"是有形的，"人力资源"是藏诸于个人的，而"社会资本"则是无形的，是蓄积在人和人之间的。"社会资本"当然不只是一个人对环境的熟悉或心理上的安全感，也可能是一种对别人、对典章制度的信任。

就分析方法而言，我认为科尔曼的处理方式，大有可取之处。他的理论，可以以"总体——个体——总体"（macro - micro - macro）这两部曲来反映。首先，在任何社会里，都存着一些众所接受的风俗习惯和思想观念，人们就活在这些风俗习惯和思想观念所形成的网络里。因此，解读社会现象的第一部曲，就是试着解释，个人如何受到（总体）环境的影响。其次，由旁观者的角度来看，任何一种社会现象，都是人际互动之后的结果；因此，换一种说法，就是社会现象是个体行为加总之后，所形成的结果。社会理论的第二部曲，就是试着解释，如何由个体行为汇总之后而成为总体现象。然后，总体现象所隐含的思维倾向，会如何再影响个体在下一回合的举止。一个好的社会研究者，就是能分别在前后两部曲上，提出合情合理的解释；而且，还能再让这两部曲头尾前后相连，构成一个循环不已的体系。

和科尔曼的集大成之作相比，布坎南和塔洛克（Gordon Tullock）的巨作，在分量和逻辑严谨的程度上，都不遑多让。事实上，他们在 1962 年发表的《众论》（*The Calculus of Consent*），被誉为 20 世纪最重要的三本政治论作之一。当然，这本书不仅奠定了"公共选择"（public choice）这个学科的基础，也是布坎南后来得到诺贝尔奖的主要原因。

两位作者所要讨论的问题，就是为当代的民主宪政社会（constitutional democracy），提出逻辑上合情合理的解释。全书 361 页，分为 18 章，章章精彩；最后还有两个文献回顾式的附录，分别由布坎南和塔洛克执笔。就内容而言，我认为有几点特别值得强调。

首先，是他们开宗明义，标明"方法论上的个人主义"（methodological individualism）这个概念，是指在建构理论时，会以个人为基础；以个人为分析的基本单位，当然和以政党或道德哲学为分析基础不同。而且，个人，是指活生生、有血有肉的人，如你我一般；只有人才能感受到喜怒哀乐，才是价值最后的寄居处。如果以民族自尊、历史责任等抽象的理念为出发点，显然就容易落入众说纷纭、莫衷一是的虚华空泛。在布坎南其他的学术论作里，"方法论上的个人主义"也是他一再强调的概念。

其次，是由"成本"的角度，探讨民主宪政社会的基本规章。人和人相处，要一起面对一些共同的问题，譬如交通治安国防等；在处理这些问题时，人们会自然而然地发展出一些游戏规则（基本规章）。而在选择这些规章时，人们面对两种成本：决策成本（decision-making costs）和外部成本（externality costs）。前者，是人们花在讨价还价、协商争议上的时间心力；后者，是一旦某种结果和自己的偏好不同，对自己造成的困扰或伤害。譬如，自己是单身，结果众人通过，国民由小到大的教育，全部公费，也就是由纳税人来支付。那么，自己就要承担这个公共政策所带来的外部成本。

采取愈松的表决规则，决策成本愈低；愈紧的规则，决策成本愈高。譬如，一百人的团体，采取 1/2 的简单多数或 3/4 的严格多数，就隐含不同的成本。相对地，采取愈松的表决规则，外部成本愈高；愈紧的规则，外部成本愈低。因为，愈紧的规则，自己愈不容易成为落败的少数，因此会承担较少的成本。所以，由决策成本的角度看，表决规则愈松愈好；由外部成本的角度看，表决规则愈紧愈好。两位作者的立论，就是：最好的规则，是让两种成本相加之后，总成本最小的规则。

当然，在现实社会里，特别是人数众多时，很难具体掌握两种成本的规模大小；但是，分析公共事务的决策过程，由成本的角度着眼，在观念上确实比较清晰明确。

第三本理论巨作，是诺斯（Douglass North）的手笔，而且也是以成本为论述的经纬。他的《制度、制度变迁与经济绩效》（*Institutions, Institutional Change, and Economic Performance*）是学术上的巅峰之作，也是他得到诺贝尔经济学奖的重要原因。

诺斯的专长是经济史，而贯穿全书的主题是："为什么有些社会迈上繁荣之路，而有些社会却停滞不前、甚至步向衰颓？"为了回答这个大疑问，诺斯发展出一些分析性的概念，然后逐步堆砌他的架构。虽然这本书是理论巨作，但是他的"故事"其实浅显而晓白：

首先，"人"是组成社会的基本元素，无论是在原始社会或现代工商业社会，人的基本特质就是"自利"，希望能追求自己（家人、亲戚、事业等等）的福祉。其次，人和人互动的关系，最好能出现一加一大于二的结果；因为只有当1+1>2时，新的价值才能衍生，而资源才能累积。再次，要处理人际互动，聪明的人会发展出各种风俗习惯，这是"非正式规则"（informal constraints）；然后，当社会进一步发展之后，才会有政府司法、律令规章等等"正式规则"（formal constraints）。

有了稳定的非正式和正式规则，社会就具备了一套脉络分明的"制度环境"（institutional environment）；在大致健全的制度环境之下，民众就可以各尽所能，并且享有奋斗的果实。这个故事固然简单，但是诺斯也多次强调：人类历史上，繁荣和稳定的社会是例外；由 9·11 事件后的潜在危机来看，诺斯的观察确实发人深省。

科尔曼、布坎南和诺斯的三本巨作，有一些共同点。一方面，他们都提出完整的理论架构；而且，这些理论，都可以说是涵盖面很广的"大理论"（grand theory）。对于读者来说，既可以清晰地体会到"理论"的架构和意义，也可以广泛地运用这些理论。另一方面，这三个大理论，都是属于社会科学的范围，也都是以"个人"为理论的基本分析单位。也就是，在这三个理论里，"个人"都是核心的概念，由个人再发展到群体和社会。对于读者来说，这种论述方式，不仅有如"一生二、二生三、三生万物"般地简洁明了，而且也容易和读者的生活经验相呼应。

简单地说，他们的理论，都具有简单、明确、平实的特色；掌握了他们的理论，就像练熟了少林武当等名门大派的基本武功一样——一出手，就知有没有！

## 深刻的洞见

在 1988 年，科斯出版了他的自选集；这似乎是预告，为他将在 3 年后得到诺贝尔奖昭告天下。

在科斯的这本小书《厂商、市场和法律》(*The Firm, the Market, and the Law*) 里，没有气吞山河的"大理论"，也没有前后一贯的个案研究。勉强地说，在这本选集的 7 章里，有"两篇文章、一个概念、一个定理"。两篇文章，指的当然是科斯在 1937 年和 1960 年发表的经典之作；一个概念，当然是无所不在的"交易成本"(transaction costs)；一个定理，当然是闻名遐迩的科斯定理 (Coase Theorem)。

经济学者们都津津乐道（不少是带着少许的酸味），1937 年的文章，是科斯二十余岁时的作品，但是却引发了厂商理论 (theory of the firm) ——或产业组织 (industrial organization) ——这个全新的研究领域；而且，在这篇文章里，首先提出交易成本这个重要的分析性概念。1960 年的论文，是新兴法律经济学的发轫。论文提出的科斯定理，使这篇论文被引用超过两千次以上；这是包括经济学和法学这两个领域在内，被引用次数最多的论文。

在另外一层意义上，"两篇文章、一个概念、一个定理"所以重要，是因为科斯像是一位绝佳的引言人。他提醒经济学者，可以从某些新的、有趣角度看事情；可是，他自己并没有下结论，而是留下极其广阔的空间。其他的经济学者，不断地加入对话，也不断地添增新材料、新见解、新智慧。

那么，他引言的内容又是什么呢？依我的了解，交易成本的概念，确实给经济学者带来很大的冲击，也对经济理论产生深远的影响。诺贝尔奖得主阿罗 (Kenneth Arrow) 曾经譬喻，"交易成本"就像是物理世界的摩擦力。如果没有空气阻力，就像在真空里一样，对象的堕落速度会完全一致。那么，在真实的世界里，如果人际交往没有任何阻力（交易成本），世界会是何等模样？那两千多篇引用科斯的论文，都是直接间接地在试着回答这个问题！

另一方面，在处理交易成本和科斯定理时，科斯都采用了一种极其特殊的分析方法，简单明了、但是却很有说服力——我称为"基准点分析法"（benchmark approach）。在分析任何问题时，他先标出一个基础点；然后，再以基础点为标杆，分析他所要处理的问题。经由对照和比较，往往很容易阐明问题的焦点所在。法学里很多法原则（doctrines），其实都是基准点分析法的运用。譬如，"正常人法则"（the reasonable person rule），就是一个正常、有代表性的人为基准，评估当事人的行为是否逾矩。而且，法学研究里所采取的法理式分析（doctrinal analysis），在本质上也就是基准点分析法。

我把这个观点写成论文，波斯纳法官看过之后表示：难怪科斯在法学界有那么大的影响力，因为他的分析方法和法学研究的分析方法之间，是如此的类似！

## 结语

在这一章里，我回顾了 8 本社会科学的论著，其中主要是经济学者的作品。虽然从表面上看起来，这些书籍之间，似乎没有明确的关联；但是，在书的取舍和次序的安排上，还是有脉络可循：我希望通过描述这些书，勾勒出经济学（者）所隐含的故事。

奥肯的《平等与效率——重大抉择》，先提出了价值权衡取舍的问题。接着，埃尔斯特的《美国的地域性正义》、利贝卡普的《产权的缔约分析》和拉姆齐尔的《日本历史上的殊异市场》，则是由实际的个案研究里，希望能找出某些答案。然后，在科尔曼的《社会理论的基础》、布坎南和塔洛克的《众论》，以及诺斯的《制度、制度变迁与经济绩效》这三本巨作里，他们分别呈现出一套体系完整、层次井然的理论架构。最后，则是科斯的论文选集；科斯没有提出任何理论架构，也留下许多悬而未决的问题。但是，他简洁清晰的分析方法，反映了经济分析平实但直指核心的思维方式。

当然，经济学者所说的故事，还会延续下去。

**相关文献：**

（1）Buchanan, James M. and Tullock, Gordon. *The Calculus of Consent*, Ann Arbor: University of Michigan Press, 1962.

（2）Coase, Ronald H. *The Firm, the Market, and the Law*, Chicago: University of Chicago Press, 1988.

（3）*Essays on Economics and Economists*, Chicago: University of Chicago Press, 1994.

（4）Coleman, James S. *Foundations of Social Theory*, Cambridge, MA: Harvard University Press, 1990.

（5）Elster, Jon. ed. *Local Justice in America*, New York: The Russell Sage Foundation, 1995.

（6） Libecap, Gary D. *Contracting for Property Rights*, Cambridge: Cambridge University Press, 1989.

（7） North, Douglass C. *Institutions*, *Institutional Change*, *and Economic Performance*, Cambridge, UK: Cambridge University Press, 1990.

（8） Okun, Arthur M. *Equality and Efficiency*: The Big Tradeoff, Washington, D. C. : The Brookings Institution, 1975.

（9） Ramseyer, Mark. *Odd Markets in Japanese History*, Cambridge: Cambridge University Press, 1996.

# 第七章

## 经济分析的深层意义

经济学者所一直努力尝试的，是由不同的角度，把经济分析所隐含的平实简单的智慧结晶带给一般社会大众！

在法学里，分成民法、刑法、宪法等领域；法律学者各有所长，也各有所属。同样的，在经济学里，分成个体、总体、国际贸易、产业组织等领域；经济学者各有所长，也各有所属。

可是，当经济学者进入法学时，却打破法学的传统划分；经济学通常是以经济分析，探讨所有的法学问题。譬如，波斯纳、萨维尔（Steven Shavell）、兰德斯（William Landes）等重量级学者，论述范围都几乎涵盖所有的法学领域。当然，这可能是学科发展初期，分工还不十分精细时的正常现象。不过，由另外一个角度看，这也表示经济分析可以一以贯之；利用同一种分析工具，探讨不同的法学问题，而且都有新意。

在这一章里，我将再次探讨行为理论，并且尝试归纳出经济分析的抽象内涵；希望能提炼出，经济分析较深层的意义。

## 谁说的故事好听？

无论是在经济学或法学里，各种理论往往被描述为不同的"故事"（stories）。因此，经济学者和法律学者，等于是在述说不同的故事。那么，谁说的故事好听呢？

在法学论述里，司法案件经常是论述的重点。可是，为什么呢？为什么法学这个学科，要以法院里的官司为讨论的重点呢？乍看之下，这个问题有点自相矛盾。司法案件，本来就是法学论述的重要材料；在法学论述里，引用重要的司法案件，可以阐明或佐证各种论点。这一点，当然很清楚；不过，法律不只是和司法案件有关，更和社会上所有的人都有关。和社会上人们互动的频率相比，法院里出现的案件只是非常微不足道的一小部分。那么，为什么要以这些极其特殊的案件，作为法学讨论的重心？

对法庭和法律学者来说，这些奇奇怪怪的案例，是呈现在他们面前、无从逃避的问题。即使事件本身离奇荒谬，他们也必须处理，而且还要编织出一套能自圆其说的逻辑。当然，这些极其特殊的案件，也促使他们的思维变得更缜密精致，或是引发了法理上新的见解。譬如，1920 年左右，发生了一件著名的案件：已经着火的两栋房子，先后延烧到苦主的房子；那么，苦主要告哪一位邻居，或两位都告？也是发生在 1920 年左右的案子，发生地在纽约：月台上有人抱了一大包东西，赶上将驶离月台的火车；

包裹从手里滑落，里面的爆竹掉到铁轨上，引发爆炸。月台上的一个体重计受波及，压到一位妇女造成伤害。那么，铁路公司或月台人员要不要负责呢？

可是，如果以这些极其少见、甚至诡谲无比的案例，作为法学理论的主要基石；等于是以特例来建构通则，以异常作为标杆。说得极端一点，这好像是以精神病患的行为为材料，发展出一套解释、甚至是规范其他一般人的行为规范！由逻辑和常情常理的角度看，都说不过去。

对照之下，经济学者所说的故事，要枯燥无趣得多；不过，最大的特点，是经济学者的故事比较合乎常情常理：在糖果的市场里，有些人想买糖果，这是需求；有些人想卖糖果，这是供给。供给和需求碰面，决定了糖果的价格，也决定了买卖糖果的数量。追根究底，经济学者的基本故事就是这么平淡无奇。没有悬疑，也没有紧张；没有道德上的两难，也没有生命中的悲欢离合。然而，在这个简单的故事里，却蕴含着一些极其重要的理念。

在市场里，价格会影响买方和卖方的行为；这个现象，似乎卑之无甚高论，其实不然。这意味着人的行为，会受到诱因的影响；当价格低时，买方有诱因多买一些，卖方有诱因少提供一些。而且，这种诱因和行为之间的密切关系，不只限于金钱或货币的价格。当周末酗酒驾车的人变多时，比较谨慎的人就会少开车或外出；当深夜里交通警察少时，闯红灯的人就会多一些。各种道德、良知、善恶等价值，都会通过所隐含的诱因而影响人的行为。

既然诱因会左右人的行为，在探讨政策或法律问题时，市场的概念就隐含一种"往前看"的态度——采取某种政策或作出某

137

种判决，会形成哪种诱因，在未来会引发哪些行为？更重要的，市场活动本身，是由许多条件所支持。在鲁滨逊的世界里，不会有市场；在人烟稀少的原野里，可能只有偶尔出现的市集。因此，虽然现代社会里，超级市场和便利商店几乎无所不在；可是，市场并不是凭空出现或必然存在的，而是某些条件支持下的产物。换种说法，市场的概念，意味着一种条件式的思维——在相关条件的支持之下，才会得到某些结果。所以，任何政策要发挥作用，必须通过现实条件的检验，而不能只诉之于严谨的逻辑或精确的推论。

而且，市场里的活动，基本上是合则两利；因为是互惠，所以双方都是心甘情愿、乐见其成。一旦完成交易，双方的福祉都提升，便可以准备进行下一波的交易。因此，随着一波波的交易，社会的资源累积得愈来愈多。事实上，买卖所引发的纠纷，可能只占完成交易很微不足道的一小部分；在市场里，交易完成是常态，发生纠纷是例外。

所以，在探讨人际关系的规范时，是以市场的常态为标杆比较好，还是以双方诉讼这种例外为标杆比较好？对人际关系的期许，是希望像市场买卖所隐含的兴利，还是希望像法庭官司所意味的除弊？还有，谁的故事比较好听呢？由各种光怪陆离的案例里，传统法学归纳出很多智识上的趣味和智慧；法学论述和官司卷宗里出人意料、令人拍案称奇的故事，远远不是经济学里、千篇一律的鲁滨逊漂流记所能比。（经济学者常用鲁滨逊的故事，描述在一个人的世界里，如何解决生活和消费的问题；当星期五出现后，就有了交换、分工和专业化的可能。因此，有人认为，《鲁滨逊漂流记》的作者，是一位经济学者。）但是，哪一种故事比较有说服力呢？

对于这些问题，波斯纳法官所强调"财富最大化"和"仿效市场"（mimic the market）的论点，显然有相当的参考价值。在处理或思索法律问题时，以市场里的自愿性交易为基准点，就是希望能得到合则两利的结果。而且，以市场里正常、典型的交易为基准点，而不以发生纠纷、例外的交易为基准点，就是希望发挥指标性的作用。

由研究市场、供需和经济活动，使经济学者在思索问题时，会习惯性地运用体系（system）和行为反应（behavioral response）的概念。换句话说，虽然市场是由许多个别的供给者和需求者所组成，但是市场本身是一个体系；体系里的个体彼此影响，彼此牵制，也会受到体系之外因素的影响。而且，这些个体在行为上的反应，可能是以间接婉转的方式来表达。

最后一点，一旦掌握了牛奶面包等产品的市场之后，经济学者在脑海里会用同样的概念和架构，去认知和分析其他的活动。譬如，赌博的税负增加时，就会有许多境外或地下的公司出现。还有，各种职业球赛固然是一种供需相会的市场，职业球员本身也是在某种劳动力市场里活动。因此，市场的架构，提供经济学者在思维上一个非常简洁、但是很有力的工具。

总结一下，对经济学者而言，以市场作为参考坐标有两层意义：在实质上，市场交易具有双方互蒙其利的特性；在分析上，市场架构提供了思维上明确的脉络。下面这个故事，就生动地反映了在运用资源时，市场机能和非市场机能的差别。

139

# 警察捉小偷的故事

这个警察捉小偷的故事，真是紧张刺激、悬疑诡谲之至。

一切曲折，都由一位不起眼的外籍劳工开始。这位老兄离乡背井、远渡重洋，受雇于一家权贵豪门。在前后三个月的时间里，他陆续偷走了重达 90 公斤的珠宝；然后，以快递包裹，把珠宝寄回千里之外的老家。

这批稀世珠宝价值两千万美金，其中包括一颗市价二百万美金的蓝钻。可惜，小偷不识货；他完工回国后，开始把这批珠宝脱手，一件 30 美元！小偷不识货，别人可识货；这批珠宝被一位行家买下，准备加工后再转手卖出。但是，风声逐渐走漏，警方适时介入，一举破获了这个跨国盗窃案。除了最珍贵的那几颗宝石还不见踪影之外，其余珠宝重见天日，物归原主。这个消息传为国际美谈，负责侦办的高级警官，还得到友邦政府赠勋褒扬。

如果故事就这么结束，当然太平凡无奇了一些；还好，在平静的水面下，往往暗潮汹涌，还有噬人的漩涡……

整个故事的转折点，是珠宝商以"收购赃物"而被逮捕。警察捉到他、摸清楚这批珠宝底细之后，知道自己手里有一只大肥羊。严刑拷打之下，珠宝商吐出了部分珠宝；但是，警察还不满足。珠宝商屋漏偏逢连夜雨，他太太和 14 岁的儿子，"刚好"在这个时候被绑架，歹徒要求赎金 250 万美元。一周之后，两人的尸体倒卧在一辆奔驰轿车里；警方调查结果，两人是因"车祸"意外死亡。

地主国的警方忙得不亦乐乎，但是也没有冷落了原始的苦主——自己的友邦；一个天朗气清的日子里，友邦的领事和两位外交官，都在住宅附近遇袭丧生。然后，一位似乎知情的外商，也突然神秘失踪，很可能已经命丧黄泉、尸骨无存。

等到尘埃落定，前后共有 17 个人横死或失踪，真正应验了"鸟为食亡、人为财死"的古训。不过，最扣人心弦的，是破案后送还原主的珠宝，竟然是仿冒的复制品！

友邦脾气再好，也受不了这种羞辱；因此，立刻召回大使，暂时中止两国的外交关系。在国际压力下，地主国终于展开调查；原来破案有功受勋的警官，转眼之间以贪污罪被起诉。审判结果，两位高级警官以贪污罪被判刑 7 年，立刻入监服刑。

这可不是克兰西（Tom Clancy）谍报小说里的情节，而是活生生、血淋淋的真实事件。最早的盗窃案，发生在 1990 年 6 月到 8 月之间。那位外籍劳工是泰国人，名叫田嘉蒙（K. Techamong）；苦主是沙特阿拉伯的皇室成员，王子本·阿卜杜勒（Prince F. bin Abdul Raish）。被凌虐的珠宝商，名叫石塔那汗（S. Sritanakhan）；最佳男主角葛达思中将（Lieutenant General C. Kerdthes），是泰国警方的重要人物——相当于中国公安部下属各局的局长！

根据报道，葛达思将军在牢里的日子过得有声有色。他组成摇滚乐团，发行唱片，而且把收入捐作狱友福利金。他还在上诉，并且宣称："并不是所有坐牢的人都是有罪的！"——聪明的人也许可以听到他的弦外之音："并不是所有没坐牢的人都是清白的"！

对于这个故事，不同的人可以得到不同的启示。对经济学者

141

的启示之一，是这个故事验证了"市场"的优越性。在任何一本大一经济学教科书里，作者都会强调：通过市场里"自愿性"的交易，资源会流向价值最高的使用途径！

在这个警察变强盗的故事里，珠宝由一件30美元，再流到识货的珠宝商手里，再落入高级警官（和他们的上级？）的口袋里。资源，依然是辗转流向价值最高的使用途径；但是，这个过程是通过巧取豪夺、威胁利诱，一路血迹斑斑、人头落地。因此，两相比较，在运用资源上，市场里的自愿性交易，显然是比较和平和文明的方式！

对于法政学者而言，至少有两点重要的启示。首先，官兵变盗匪的事情本身，并不是关键所在；关键所在，是一旦官兵变成盗匪，有没有适当的机制能处理这些事件。特别是当犯错的人层级愈来愈高时，处理一般扒手混混的司法，还能不能"刑上大夫"？举目环宇、放眼古今，试问历史上已经出现过多少次的"水门事件"——以不法手段，监听政敌的房舍、车辆、船舰等等？但是，有几个社会的司法机制，会处理这些事件，甚至让国家元首下台？

其次，处理一般鸡鸣狗盗之徒的机制，所需要的条件比较简单；而处理位高权重者违法行为的机制，通常要复杂困难得多。那么，在哪些情形下、通过哪一种轨迹，可以由前者慢慢雕塑出后者？有没有明确可行的途径，或是滴水穿石的着力点？对法政学者而言，这些问题可都是引人深思的挑战。

这个警察捉小偷的故事，真是紧张刺激。不过，自己最好是旁观者，而不是那些当事人，或是当事人的亲戚朋友……

在华人文化里，有"刑不上大夫"的观念；这个观念和做法的正面意义，当然值得探讨。不过，尼克松的水门案件，也透露出许多引人深思的问题。

## 经济分析的本质

虽然经济学者在法学里的耕耘，已经有一段岁月；可是，对绝大部分的法律学者而言，依然是"经济学于我何有哉"。要搭建起经济学和法学之间的桥梁，法律学者显然必须清楚地知道：对他们而言，经济分析到底是什么？

虽然这个问题是问法律学者，但是经济学者可能反而比较适合给出答案。而且，就性质而言，经济学主要是一种分析社会现象的特殊角度，和数学或方程式没有必然的关联。因此，这个问题换一种问法，是：对法学研究而言，经济分析的主要慧见为何？当然，这个问题也隐含着，对于政治学或社会学而言，经济分析可能意味着不同的慧见。譬如，对政治学而言，竞争（competition）是一个很重要的概念。因此，在法学研究的宪法理论里，竞争和三权分立的制衡概念，有密切的关系。

关于这个问题，我可以先举出两个参考点。

首先，波斯纳在他的名著《法律的经济分析》（*Economic Analysis of Law*）一开始，就归结出经济分析的三大基本原则：第一，是价格和数量反方向变动的"需求法则"——当然，价格不一定是指金钱货币，而可以是抽象的价格；第二，是机会成本的概念；第三，是在没有因素干扰的情形下，资源会流向价值最高的使用途径。

其次，在《一课经济学》（*Economics in One Lesson*）这本书里，赫兹利特（Henry Hazlitt）总结经济学的精神：一个好的经济学者，不只注意短期，也会注意长期；不只考虑局部，也会考虑全面；不只关心直接影响，也会关心间接影响。

相形之下，我认为，经济分析可以提供给法律学者三个重要的观念；而这三个观念，都可以借"若 A 则 B"来阐释。

第一，法律的目的，是处理人的行为所衍生的问题。在经济学者的眼里，人的行为具有相当的"规律性"（regularity）。而且，这种规律性是"若 A 则 B"般地简洁明确、容易掌握。如果规律性是"若 A，则或 B 或 C 或 D 或 E"，或是"若 A 或若 B 或若 C 或若 D，则 E"，那么在逻辑上来说，依然符合某种规律性；可是，对一般人来说，这种规律性过于复杂或模糊，所以在思维或行为取舍上的帮助不大。当然，这并不表示，人的行为没有例外或不会改变；重点在于，人的行为不像是喝醉酒的醉汉、走路颠三倒四（random walk），而是约略符合"若 A 则 B"的规律。并且，这种行为上所显现出的规律，不只和市场或经济活动有关，而是在人的其他活动里也无所不在。事实上，有些经济学者认为，人类之外，在其他动物的行为里，也可以发现有类似的规律性。试想，如果法律所面对的是醉汉般的行为，法律所能发挥的作用将极其有限。

具体而言，规律性可以约略分成三个层次：最基本的，是个人层次（individual level）上的规律性；譬如，若罚款增加，则少超速。其次，最上层的，是总体（macro level）或社会层次上的规律性；譬如，若货币发行量过大，则容易有通货膨胀。最后，是介于这两者之间的，可以称为中层（middle level）的规律性。和另外两种层次的规律性相反，中层的规律性反而比较模糊、比较难掌握。譬如，若小区的居民由 500 人变为 1 000 人，则小区会变得更整洁或更脏乱？因为人数增加后，行为的加总可能导致很多结果，因此不一定有非常明确的规律性。

第二，若 A 则 B 的规律性，反映的是一种条件式的思维和判断（conditional statement），而且有两种意义。一方面，"若 A"本身就表示一种条件，"则 B"是在 A 成立的条件下会出现的状态；因此，这是一种条件式的命题。另一方面，"若 A 则 B"成立，隐含着其他的条件没有发生变化；如果其他条件发生变化，那么"若 A 则 B"可能变成"若 A 则 C"。因此，"若 A 则 B"，是在某种前提成立的条件下，才会成立。

无论是基层、中层或总体层次上的规律性，都是在某些条件的支持之下才成立。因此，对于经济学者来说，除了注意规律性本身之外，还必须掌握更多的信息。一方面，他们希望知道，在哪些条件的支持下，规律性才会成立。另一方面，他们也希望了解，当这些条件发生变化时，原先的规律性会受到哪些影响。科斯 1991 年得到诺贝尔奖时，在得奖致辞里一再强调，经济活动是在某种制度环境（institutional structure）里进行；因此，经济活动所呈现的规律性，就是在特定前提成立的条件下，才成立的。

第三，是关于"若 A 则 B"的内涵。前面两点，似乎都是反映在抽象的符号之间彼此的关系；不过，更重要的，是由探讨人的行为里，经济学得到许多体会。这些体会，就充填了前两点的内涵；譬如，波氏所强调的"若价格上升，则需求下降"，以及"若没有干扰因素，则资源流向价值最高的使用途径"，就是"若A则B"这个符号关系下的实质内涵。

具体而言，经济学者在分析人的行为时，不是只把焦点放在单独的个人身上，而是一直保持一种体系或系统（system or structure）的观点。这个体系或系统有两个维度：时间和空间。在空间上，每一个人的行为，都直接间接地影响其他人，也直接间接地受其他人行为的影响。在时间上，现在的行为受到过去演化经验的影响，也会受未来的影响（前面提到重复赛局的观念）。空间的因素，呼应赫兹利特所强调的，直接或间接以及局部或全面的考虑；时间的因素，则是他所强调短期或长期的考虑。

在传统法学的论述里，也有"若A则B"的逻辑；不过，通常是"若采取作者的论点，则正义将得到伸张"。可是，是哪些条件支持这种结论，条件改变之后结论会不会受影响等等，却经常付诸阙如。相形之下，经济分析所意味的"若A则B"，则是对问题作较完整的探讨，包括在描述、预测和建议（describe, predict, prescribe）这三方面。对于所观察到的现象，经济学者会尝试解释：在哪些条件下，会得到这种结果；主要的决定因素，是哪一个或哪几个。当环境里的条件发生变化时，我们所关心的焦点会朝哪一个方向发展。如果希望追求某种目标（包括公平正义这种价值），采取哪一种或哪几种手段比较好。而且，虽然探讨的是眼前的问题，不过在经济学者的脑海里，却总是会联想到：

是哪些因素引发了这个问题？环境里支持的条件是哪些？如果采取不同的手段，会引发哪些后果？手里是不是有足够的资源来影响相关的条件？

总结一下，对法律学者来说，经济分析的精髓可以借着"若 A 则 B"来表示。"若 A 则 B"反映了在人类行为和社会现象里，隐含了某些规律性；至于这些规律性的实质内容，则是由人类所经历演化过程的经验所充填。下面的故事，希望进一步探索经济分析较抽象的内涵。

## 经济分析的深层意义

在经济学者里，有几位是公认不会得诺贝尔奖的"智者"；加尔布雷斯（J. K. Galbraith）和海尔布伦纳（R. Heilbroner），是其中最著名的两位。

加氏曾任美国经济学会会长、肯尼迪总统顾问、美国驻印度大使，著作等身；他的畅销名著《富裕的社会》(*The Affluent Society*) 和《新工业国家》(*The New Industrial State*) 等书，对于工业化带来的冲击，提出发人深省的分析。

加氏博学深思，文字优美，一生著述不辍；可惜，经济学者们普遍认为，他注定和诺贝尔奖无缘。主要的原因是，虽然他见解过人、令人敬佩，可是他的学养自成一格，别人无从学起。因为无从学起，他对经济学发展的贡献，就很难作恰如其分的评估。

在某种意义上，纽约新社会科学院的台柱海尔布伦纳教授，和加氏各擅胜场、彼此辉映；有同样的成就，但是也有同样的弱点。事实上，和加氏相比，海氏学识的渊博浩瀚，可能要有过之而无不及。他的名著《世俗哲人》（*The Worldly Philosophers*）和《资本主义的性质和逻辑》（*The Nature and Logic of Capitalism*），前者跨越经济学，后者贯穿古今；两本书都一版再版，还被译成多国文字，风行全球。

即使是一本不起眼的小书——《21 世纪资本主义》（*21st Century Capitalism*）——海氏都见人所未见，展现他博古通今的才情……

在书里，他扩充早先的论点、把人类历史分为三个阶段：最早是"传统"（Tradition）的生活形态，人们打猎狩获，一切以传统为依归。在这个阶段里的人们，生活被大自然的力量所支配，宿命般地反复又反复。接着，是"统御"（Command）的社会。借着神权或武力、或两者的结合，在少数人主导下，建构起封建式的组织；一方面聚集社会里的财富，一方面追求他们所认定的目标。生活在这个阶段里的人们，对未来有一种不确定性，但却不知道是变好或变坏。

最后，是 18 世纪工业革命所揭开的序幕。由蒸汽机、汽船、火车以降的一连串发明，使人类社会踏上变动和成长的轨迹。在这个阶段里，人们对未来有所期待。人们期望未来会和过去不一样，而且会变得更好。而所有的一切，都是环绕着"市场"（Market）发生。

能把人类历史大开大阖地分为三段，然后论述各个阶段里的特征，最后归纳出各阶段里人们的心情和视野。这种学术上的气魄和器识，是先天才情和后天博学的结晶；在方法论上难以言喻，其他的学者当然也就难以为继。

和海氏及加氏"大哉问"的治学方法相比，诺贝尔奖得主科斯的分析方法要浅显得多。他在 1937 年发表的论文《厂商的本质》（*The Nature of the Firm*），公认是"产业组织"（industrial organization）的奠基之作，也是他得奖的两大原因之一。在这篇文章里，科斯问的问题很简单："为什么会有厂商？"

利用市场，企业家能在市场里取得所需要的人力、机器、原料，完成整个生产过程；那么，企业家何必要自己组成企业，再雇用或购买人力机器原料等，再由企业来组合这些生产资源，完成生产的过程？科斯的答案很简单：因为利用市场也有成本（这是"交易成本"这个概念的滥觞），所以企业家会自己估量，选择对自己最有利的方式。如果利用市场比由自己来有效（譬如，采取外包和第三方合作的做法），就无须自己费神；相反，如果自己统筹比依赖市场好（譬如，大公司有自己的医务室），就由自己来发挥。

科斯的分析，平实深入地反映了"选择"（choice）的重要。而且，不只企业家要作选择，人也无时无刻不在作各种取舍。选择的概念，精确传神地表达了经济分析的重点所在。因此，在很多经济学原理的书，都把经济学定义为"研究选择的科学"（a science of choice），可以说是有以致之。

不过，如果把海尔布伦纳的历史视野和科斯的慧见结合，更能发掘出经济分析的深层意义……

就研究主题来说，经济学所探讨的重点，就是生产消费储蓄、货币利率就业等等问题。而在分析方法上，经济学所采取的基本架构，是一般人都能朗朗上口的"理性选择"（rational choice framework）。

理性选择，是指人凭着自己所拥有的资源、在面对环境里的条件和限制下，根据自己的自由意志，选择对自己最有利的举止。在"传统"的社会里，人只要遵循风俗习惯，毋须作选择；在"统御"的社会里，人必须在封建体系的阶层结构里，顺服地扮好自己的角色，而无从作选择。因此，只有当社会演进到以"市场"为活动重心时，人才享有"理性选择"的机会和权利；而理性选择的架构，也才有自然贴切的解释力。

追根究底，理性选择的核心观念，就是科斯在《厂商的本质》里所提出的企业家所面对的情境：利用市场或组成厂商？抽象地看，理性选择隐含一种"比较"的过程。而在作比较时，人总是有意无意地、直接间接地，找一些相关的参考坐标，作为比较的基准点（benchmark）。

因此，企业家是以市场为基准点，考虑组成厂商是否更为有利；父母在考虑小朋友的教育时，是以公立学校为基准点，再评估上私立学校的优劣；单身贵族斟酌再三的，是相对于单身这个基准点，结婚的利弊为何。理性选择隐含比较，而比较则意味着运用基准点和参考坐标。提升理性选择的质量，当然也就意味着：人们值得有意识的思索，自己选择时所依恃的是哪些基准点和参考坐标？为什么是这些基准点和参考坐标，而不是其他？

这么看来，经济分析的深层意义，就是在"市场"所主导的社会里，提供一种简洁、明确、一以贯之的思维模式。一方面，可以帮助人们面对变动不居的环境；另一方面，也可以作为人们在举止进退上、安身立命的基础。

事实上，无论是加尔布雷斯、海尔布伦纳，还是科斯、或其他许许多多的经济学者，他们所一直努力尝试的，都是一样；也就是由不同的角度，把经济分析所隐含平实简单的智慧结晶带给一般社会大众！

## 结语

在这一章里，我尝试勾勒出经济分析的深层内涵。在内容上，有两个重点。

首先，我描述经济学者，是以市场里平凡无奇的交易为研究对象；相形之下，法律学者，则是以各种官司为研究上主要的材料。在性质上，这两种材料当然有很多差别。

其次，我以"若 A 则 B"的关系，代表经济分析的主要内涵。若 A 则 B，是一种条件式的判断；而判断的内容和逻辑，则是由人类活动里归纳而得。

当然，经济学者对法学的探讨，希望不只能使法学的内涵更丰盛，探讨"经济分析到底是什么"这个问题，同时也让经济学者有反省咀嚼的机会。对经济学者而言，他们必须能找到可以说服自己、也可以说服别人的答案！

**相关文献:**

（1） Coase, Ronald H. "The Nature of the Firm", *Economica*, 4 (n. s.), pp. 386–405, 1937.

（2） "The Institutional Structure of Production: 1991 Alfred Nobel Memorial Prize Lecture in Economic Sciences", *American Economic Review*, 82 (4), pp. 713–19, 1992.

（3） Galbraith, John Kenneth. *The Affluent Society*, Boston: Houghton Mifflin, 1960.

（4） *The New Industrial State*, Boston: Houghton Mifflin, 1985.

（5）Hazlitt, Henry. *Economics in One Lesson*, New York: Pocket Books, 1948.

（6） Heilbroner, Robert L. *The Worldly Philosophers: the Lives, Times, and Ideas of the Great Economic Thinkers*, New York: Simon and Schuster, 1980.

（7） *The Nature and Logic of Capitalism*, New York: Norton, 1985.

（8） *21st Century Capitalism*, New York: Norton, 1993.

（9） Posner, Richard A. *Economic Analysis of Law*, 5th ed., New York: Aspen Law & Business, 1998.

# 第八章

## 仇人眼中长刺猬

在科斯的世界里，污水、噪音、黑烟等，是正常经济活动的一部分；在真实的世界里，经济活动像是一场多回合的球赛。

在鲁滨逊的世界里，有经济问题，但是没有法律问题。因为，虽然鲁滨逊要面对生产、消费、储蓄等等问题，可是他无须担心偷抢杀砍等等麻烦。

　　当星期五出现之后，两个人之间的关系变得微妙而有趣。他们可能会彼此干扰，但是也可能互惠合作。干扰，是侵权（tort）的问题；合作，是契约（contract）的范围。因此，只有在人的社会（human society）里，才会出现法律问题；而且，重点是"社会"这两个字。如果世界是由一个个的鲁滨逊所组成，也不会有法律问题。

　　在鲁滨逊和星期五的世界中，他们的行为会"彼此影响"；以经济学的专有名词来说，他们的行为有"外部性"（externality）——这个名词平凡无奇，但却是法学的关键所在。

155

在这一章里，我将以"外部性"这个概念为主轴，阐释各种法律问题的意义。也就是，在性质上，我希望利用"外部性"一以贯之法学。

## "外部性"的意义

在任何经济学大辞典里，"外部性"都是重要的一项；而且，几乎毫无例外，科斯和庇古（A. C. Pigou）这两位的名字，都会出现在说明里。不过，无论辞典里怎么定义外部性，比较好的方式，是先设想一些活生生的事例：

· 小赵在厨房里煎鱼，香味四溢，整个街坊都知道小赵家晚上加菜。

· 小钱上街去买鞋，和老板讨价还价不成，后来到隔壁的鞋店买了一双。

· 孙小姐和男友订了婚，十天之后遇上真正的白马王子，决定去彼取此。

· 李先生把房子卖给某甲，十天之后某乙出了更好的价格，因而陷入天人交战。

· 张小姐穿了件新衣上班，男同事都赞不绝口，女同事都语中带刺。

· 麦当劳进入台湾市场之后，传统餐饮业的服务态度和卫生条件，都有显著的改善。

·小吃店经常被偷，老板在冰箱里放了几罐饮料，里面装的是农药；小偷的朋友喝了其中一罐，中毒而死。

·庙会进香团的一位香客，随手丢了一串鞭炮，刚好掉进路边的一部轿车；驾驶员受惊，轿车失控，撞进进香团，造成死伤。

在本质上，这些事例都和鲁滨逊与星期五的故事一样，都是牵涉到一个人以上行为之间发生互动或影响。因此，外部性的概念，可以简单地定义为"一个人的行为对其他人造成的影响"。当然，一件事对其他人造成的影响，也是外部性。

上面的事例，都符合这个简单的定义。不过，由这些大小事例里，还可以比较具体地归纳出一些外部性的内涵。首先，很明显地，外部性是个中性的概念；因为外部性可正可负。同样是煎鱼的香味，有人趋之若鹜，有人避之唯恐不及；还有，情人眼中出西施，仇人眼里长刺猬。其次，在人的社会里，外部性几乎无所不在。一个人的行为，或大或小、或直接或间接，都可能对其他人造成影响。既然外部性有大有小、有好有坏，那么外部性和法律有什么关系呢？

在回答这个关键性的问题之前，不妨先回顾一下外部性这个概念的历史。由这段历史里，可以进一步体会外部性的意义，也可以琢磨外部性和法律的关联。

## 庇古和科斯

英国在18世纪工业革命之后，工厂林立；就业机会大增，各种工业产品也大量涌入市场，彻底地改变了人类的生活形态。

不过，工厂带来的噪音、黑烟、污水，也造成对环境和居民的伤害。然而，这些工厂，却无须为噪音、黑烟、污水负责；在他们产品的价格里，只包含了工资、原料、资本、厂房设备等等的支出，却不包含噪音、黑烟、污水等成本。因此，这些产品的真实成本，其实包含两项：一种是工资等，这是由厂方所支付；另一种是噪音等，这是由居民所承担。由厂方所支付的，是私人成本（private costs）；由居民所承担的，是外部成本（external costs）。两种成本的总和，是社会成本（social cost）。在社会成本和私人成本之间，显然有一落差（gap）。

庇古是19世纪英国的经济学者，他在经典名作《福利经济学》（*The Economics of Welfare*）这本书里，就想出了处理外部成本的妙方。既然工厂产生了外部成本，因此政府可以介入；以课税的方式，让税负刚好等于外部成本。这么一来，工厂除了支付私人成本之外，还要承担外部成本；两者的和，正好是社会成本。因此，工厂从事经济活动的成本，能完完整整地由工厂自己承担。这真是个好办法，也一直为历代的经济学者奉为圭臬。

事实上，不仅经济学者接受庇古的思维，一般民众也多半附和响应。每当社会发生不幸事件（学童营养午餐中毒、游览车意外倾覆），舆论总是希望政府出面处理。可是，这种几乎是人同此心、心同此理的立场和想法，站得住脚吗？

科斯认为，未必站得住脚。他在1960年发表的论文，题目就标明挑战庇古的想法："社会成本的问题"（*The Problem of Social Cost*）。科斯对庇古的批评，可以分成技术性质疑和本质上的臧否。在技术上，科斯认为，政府对外部成本课税，看起来似乎解决了问题；但是，政府取得税收，居民还是继续承担噪音黑烟污水。而且，政府是行动迟缓的老大哥，而不是无所不在的上帝；政府怎么可能有能力，可以精确衡量千万家工厂的千百种外部成本？因此，赋予政府全知全能的责任，是天方夜谭、是做梦（This is the stuff that dreams are made of.）。

在更根本的层次上，科斯提出许多发人深省的观察。他指出，一个行为的施与受双方，其实互为因果。譬如，说工厂的污水影响了居民，表示工厂是因、居民是果。可是，这个现象，也可以说是居民的存在，才使污水成为问题；居民是因，工厂才是果。因此，厘清责任和判断是非，需要仔细斟酌。

科斯也指出，由整个社会的角度来看，在生产过程中，工厂产生噪音、黑烟、污水，其实是正常经济活动的一部分；就像汽车在行驶时会排出废气，火车经过会带来震动和声响一样。这些伴随着正常活动而来的各种因素，都是体系里自然而然的一部分；因此，并没有所谓的"外部效果"（external effect）或外部性可言。问题的关键，是如何界定财产权；然后，让权益受影响的人之间，自己去协商交易，找出解决的办法。譬如，如果火车有权

159

一路发出震天价响的声音，附近的居民可以搬走，或者和铁路公司谈判协商。如果居民有权不受干扰，铁路公司就必须加装灭音设备、或向附近民众买得我行我素的权利。只要权利界定清楚，当事人会自己找到因应之道，没有所谓外部或内部的问题。而且，既然当事人可以自己解决，政府也就无须出面介入。

科斯的论点，不只指出庇古的盲点，对于思索外部性问题，也很有启发性。在面对外部性时，不能只把注意的焦点放在片面或单向，而值得从广泛、全面、整体的角度，作较完整的认知和评估。

当然，科斯的思维，也有改进增益的空间。站在巨人的肩膀上，可以瞭望更开阔的天地。在科斯的世界里，权利的界定似乎是黑白分明、非杨即墨；可是，在真实的世界里，权利的界定，往往受到过去经验和现有条件的限制，不能作一刀两断式的切割。譬如，科斯认为，或者火车有路权，或者居民有享受安宁的权利。可是，实际的情况，通常是双方各拥有某些权利——白天火车的班次不受限制，但是深夜以后却只能有两班夜车。这种权利结构，本身就是双方互动的结果，而不一定是由更高层次的权威来界定。

还有，在科斯的世界里，污水、噪音、黑烟等，是正常经济活动的一部分，而不是体系之外的因素；可是，在真实的世界里，经济活动像是一场多回合的球赛；这一回合的过程和结果，会影响到下一回合的取舍。如果工厂有权排放污水，可能就没有诱因购买过滤污水的设备；相关的厂商和产业，也可能因此而无从发展。相反，如果工厂无权排放污水，可能会安装过滤设施，相关的产业得以发展。演化的结果，污水可能从此不再是问题，也不再是体系里必然有的一部分。

也许，就是因为这些理由和其他的考虑，"外部性"依然是经济学家朗朗上口的专有名词；而在经济学里，如何处理外部性问题，依然是经济学者们殚精竭虑所在！


## 由外部性到法律


对于外部性，前面曾经作了很简单的定义：一个人的行为对其他人造成了影响。根据这个定义，前面也指出，外部性有正有负，而且外部性几乎无所不在。基于这种了解，由外部性过渡到法律，可以说是直截了当、一蹴而就。

一言以蔽之，法律所处理的问题，就是外部性为负、而且严重的情况。杀人、伤人、偷、抢、诈、骗，都是最直接、俯首可拾的例子；在这些例子里，一个人的行为，对其他人造成很不好的影响。如果不处理这些情况，社会将有如都市丛林；或者永无宁日、恶性循环，或者分崩离析、无以为继。不过，这些都是一目了然、毫无争议的情形；要体会外部性和法律的关联，不妨想些比较模糊隐晦的情况。

一两年前，台湾有两个小学高年级的小朋友，一男一女，利用午休时间，在保健室里初试云雨。老师发现、媒体报道之后，引起广泛的讨论。绝大多数人的反应是，两小无猜的行为不足取。可是，如果进一步问：两小无猜错在哪里？对于这个问题，相信很多人未必能有理直气壮的说辞。

由外部性的角度来看，两小无猜行为的意义，就清楚得多。除了心理不成熟、信息不充分等冠冕堂皇的理由之外，问题的关键，其实是两小无猜的行为，对其他人造成的影响。万一，他们云雨之后造成怀孕，生下小小孩；既然本身没有照养抚育的能力，只好由双方的家长来承担后果。可是，有多少家长在自顾不暇之外，还愿意接下这种天外飞来的负荷。因此，两小无猜的行为，对别人造成（负的）外部性太大；社会大众自然会动用道德、舆论乃至于法律等手段，希望能避免这种外部性。

在美国，有很多中等学校里，设有自动贩卖机，提供保险套等避孕材料。原因无他，因为老师家长们已经学到教训：与其威胁利诱自己的子女不要有性行为，不如避轻就重；不处理性行为的问题本身，但是设法预防性行为带来更大的麻烦。也就是，针对外部性来处理。

其次，在成文法的社会里，民法里对于契约大多有类似的规定：契约以当事人双方自愿为原则，但以不违反社会的公序良俗为限。这个规定，其实就是两小无猜事件的本质。如果某种契约是出于当事人自愿，但是违反了公序良俗，就表示对其他人造成负的、而且是过大的外部性。一般社会禁止卖身为奴，是个具体的例子。

根据当事人订约自由，只要是出于自愿，卖身为奴并没有什么不对。但是，如果法律容许卖身为奴，等于是让每个人身上多了一张空白支票。当自己负债累累、无法偿还时，可以把自己卖掉；卖身为奴，变成生存的最后手段（the last resort）。可是，这

162

种权利，却会诱使一些意志不坚的人，沉迷和陷身于赌博、吸毒和其他耗费大笔钱财的活动。对于社会上其他人和司法体系而言，却必须承担这些行为的后果；对于大多数社会来说，这隐含了太大的、负的、社会大众所不愿意负荷的外部性。

当然，并不是所有大的、负的外部性，法律都会处理。当出租车出现之后，立刻对人力三轮车造成重大的影响；可是，在市场经济里，尊重竞争，即使竞争必然意味着有些人将是输家。同样的，如果有哪一个厂商开发出比可口可乐、百事可乐更好的饮料，让这两家公司关门大吉；这是很大的、负的外部性，可是法律却不会处理。

然而，当有大的、负的外部性出现时，即使现有法律不处理，通常行政部门不会坐视不管。民意代表会设法在民意机关里提案，通过特定的法案；以特别的措施，照顾这些承担负外部性的选民。由此可见，从外部性的角度着眼，不仅可以解释法律，同时也可以分析政治领域里的诸多现象。外部性这个概念的重要性，由此可见一斑。下面这个故事，就具体地阐释了外部性和法律的关联。

## 最高指导原则

下午坐出租车去接小朋友回家时，眼光漫无目的地看着路边向后退去的招牌。突然，"华硕证券"的几个大字映入眼帘。印象里，好像华硕计算机和这家证券公司正在打官司，而初审判决似乎是华硕计算机胜诉；在台湾用响当当的"华硕"这两个字当

163

招牌，证券公司好像有搭便车、侵犯公司名称专用的嫌疑。

虽然我不太清楚相关的法条，也不明白法官裁决的依据；不过，因为自己正在研究所里教"法律经济学"这门课，我就忍不住想试着从经济分析的角度，思索一下这件官司的是非曲直。

我约略记得，有关公司的法律里好像这么规定：在同一行业和同一区域里，某一种公司名称只能为一家公司所使用。也就是，在台北，不能有两家西餐厅都用"星辰"这个名称，除非是连锁店。但是，在不同的行业或区域里，不同的公司却可以用同样的公司名称。因此，在"星辰西餐厅"的附近，可以有星辰漫画店和星辰洗衣店等等。法律上这么规定，显然是为了避免在同一个区域里，同行之间彼此混淆，对公司和顾客都不好。

可是，根据这种规定，"华硕计算机"和"华硕证券"是两种性质截然不同的公司，同时并存似乎并不违反法律的规定。而且，如果在"华硕计算机"叱咤风云之前，"华硕证券"就已经成立多年，就更没有理由独尊计算机而排黜其余。

然而，如果华硕证券确实成立在后，而且确实有搭华硕盛名便车的可能；那么，对于这个官司和类似的情形，如何说出一番合情合理的道理，并且能找出司法上可以依恃的准则呢？

由经济分析的角度来看，规定不同行业可以用同样的公司名称（星辰西餐厅和星辰漫画）合情合理。因为即使是同样的名称，但是产品区隔得很清楚，所以彼此在利益上不至于有重叠或冲突的地方。即使偶尔有同名之累，涉及的利益多半微不足道，因此没有必要作特别的限制。

但是，这只是一般的情形。当某种商标具有普遍的知名度时，

164

就需要作不同的考虑。譬如，虽然"麦当劳"只卖汉堡，但是显然不应该容许其他公司用"麦当劳西餐"或"麦当劳服饰"来混淆视听。原因其实很简单，消费者可能误认这是麦当劳的相关企业，因而有鱼目混珠的效果。因此，利用麦当劳的知名度来卖西餐和服饰，业者就有不劳而获的可能。所以，当华硕计算机变成家喻户晓的商标之后，限制其他的公司不能再用"华硕"的名号，确实合情合理。当然，如果华硕计算机行有余力，开始涉足其他产业，自然顺理成章地可以用"华硕"的招牌——这是华硕计算机耕耘的成果，而且人们会以对华硕计算机同样的认知，来期待华硕的相关产业！

因此，归纳起来，法律上显然采取了两种原则：对于一般情形，星辰西餐和星辰漫画可以比邻而居；不过，对于可口可乐、麦当劳、华硕、诚品等等这些品牌，就值得限制其他人使用这些商标的权利，即使是在完全不相干的产业里。

可是，抽象地来看，在这两种原则的背后，其实有一个比较抽象、层次比较高的原则：法律上的规定，最好能促使（或诱发）更多的经济活动，以增进社会的资源。而且，法律所允许或鼓励的经济活动，必须是有生产性的、对社会有正面贡献的。因此，如果允许其他人开"麦当劳西餐"，一方面有人坐享其成、不劳而获，另一方面会产生不好的示范效果。而且，对麦当劳而言，辛苦建立品牌却让别人享受果实，也会降低麦当劳本身的诱因。

其实，经济分析所揭示的最高指导原则——法律的目的，在增进社会的资源——不只适用在规范经济活动，也可以用来思索人类其他活动的戒律。仔细想想，为什么法律要惩罚剽窃、偷盗、侵占、伤害等等行为呢？

## 对外部性的处理

由外部性的角度来思索法律问题，往往可以一以贯之；而且，对于很多现象或做法，都有豁然开朗的启发。

在成文法的国家里，通常把实体法分为两大类：公法和私法。对于这种划分方式，一般的解释是，私法主要处理私人之间的纠纷；而公法，则主要是处理和公众有关的问题。由外部性来看，当外部性小时，就由私法来处理；当外部性大时，就由公法来伺候。因此，一个投资人被骗，是由私法来处理；可是，如果有一群投资人被骗，就不再是 1 加 1 等于 2，而是 1 加 1 大于 2。民众的生计心理、金融秩序，都隐含较大的外部性，所以由公法来处理。

此外，言论自由的权利，普遍地受到各法治国家的保障；可是，言论自由还是有其界限。关于言论自由的界限，美国著名大法官霍姆斯曾提出"明显而立即的危险"（clear and present danger）这个法原则。因此，不可以在戏院里大叫"失火了"，可是可以在海德公园里大声宣称"外星人将攻击伦敦"。由外部性的角度看，言论自由的界限，还是在于言论所造成的外部性的大小。譬如，就文字图片而言，通常是由读者个别接触，而且在行为反应上较迟缓，所以外部性较小。可是，言语的对象可能是群众，而且可能立刻引发行为反应，所以外部性较大。外部性较大，当然值得慎重处理，采取较多的限制。

由上面的两点观察里，可以推论出处理外部性的原则和方式。处理外部性的原则，其实很简单：杀鸡用鸡刀，割牛用牛刀。也就是说，大的外部性，采取大工具；小的外部性，动用小手段。根据这个简单自明、平实合理的原则，处理外部性的方式，可以看成是一道光谱。由左到右，并由小到大、由松到紧、由私到公。

对于小的外部性（讲话太兴奋，口水飞到别人脸上；皮鞋沾了狗屎，走进办公室），可能只是皱下眉头，或是一个不快的眼神。对于较大的外部性（借钱不还、搬弄是非、彻夜喧闹），可能开始动用街谈巷议；利用一般人所认同的风俗习惯，发挥舆论制裁。对于更大的外部性（偷、抢、骗、诈），私领域里的制裁手段已经无能为力，只好诉之于公部门的法律。而在法律的领域里，由小到大，可以进一步分成行政命令、法律、一般法令、特别法、宪法等；不同的层次，隐含不同程度的外部性。再精细一点，由罚款，到拘役、有期徒刑、无期徒刑、死刑，惩罚的轻重，也正呼应了犯的过错所隐含外部性的大小。目前在民事官司里（譬如车辆设计不良，导致意外伤残），除了民事的损害赔偿之外，法院往往裁定：被告要支付"惩罚性赔偿"（punitive damages）；目的就是希望产生宣示效果，遏止其他厂商推出设计不佳的产品，影响广大的消费者。在外部性小的民事纠纷里，就没有必要裁定"惩罚性赔偿"。

当然，同一桩行为的外部性，可能会随时空条件的变迁而改变；处理的方式，也就值得与时俱进。最明显的例子，是婚外情的问题。在农业社会里，各个村落小区都是一个相对封闭的体系。一旦有婚外情，对于当事人、当事人的配偶、子女、亲戚，都带来很大的困扰。也就是，在这个相对封闭的体系里，婚外情产生很大的外部性。因此，寓禁于罚；对婚外情，以刑法来处理。

在现代工商业社会里，特别是都会区的生活形态，基本上是一个开放、流动性高的环境；而且，现代人生活的隐私性增加，前后左右的邻居，可能久久才碰面一次。因此，婚外情不容易被发现，即使被发现，对整个体系带来的冲击也非常有限。也就是，在工商业社会、都会区里，婚外情的外部性变小；外部性变小，自然可以用较宽松的方式来处理。在许多法治社会里，婚外情不再由刑法、而是改由民法来处理，真是有以致之。

总结一下，由外部性的角度，可以解释法律的结构以及内容。外部性愈大的行为，用愈凝重的手段来处理；不过，外部性的大小，是受到环境里相关条件的影响。下面的故事，是由另外一个角度，阐明处理外部性的方式。


# 法律的轨迹


对于鲁滨逊的故事，经济学者往往津津乐道。在鲁滨逊的世界里，有生产、消费和储蓄的问题；当星期五出现之后，就可以处理交换、分工和专业化的课题。因此，利用鲁滨逊和星期五，重要的经济学概念，几乎都可以一一阐明。其实，不只是经济学者情有独钟，对法律学者来说，鲁滨逊的故事也含有许多启示……

当鲁滨逊一个人过日子时，为了生存，他要捕鱼打猎。在这种情形下，除了维持健康之外，养成勤劳和节俭这些好习惯，是非常重要的。对他来说，早起的鸟才有虫子吃、凡辛勤播种必欢欣收割；而为了雕塑勤劳节俭这些特质，他会自然而然地发展出一些配套措施。譬如，如果因为自己偷懒，该捉到的兔子没捉到；那么，他会有懊恼悔恨的情怀。如果因为多花了些心力预为之计，暴风雨来时他的小屋安然无恙；那么，他会有喜悦自许的感受。这些喜怒哀乐上的起伏，等于是支持了勤劳节俭的习性。因此，精确地说，在鲁滨逊一个人的世界里，也会有勤劳、节俭、刻苦耐劳这些"道德"。道德，不是来自于四书五经的教诲、或圣人哲王的开示，而是来自于物竞天择、适者生存的压力！

星期五出现之后，两个人的世界变得多彩多姿，但是也出现了一些新的问题。两个人可以合作分工而互惠，可是如果有人赖皮摸鱼呢？还有，两个人相处，不可避免地会有摩擦争执，怎么办呢？

经过摸索试炼、尝试错误，两个人会渐渐雕塑出私领域和公领域的范围，然后慢慢找出能够和平共存的自处之道。更精确地说，一方面每个人会自我设限，尊重另外那个人的活动空间；譬如，别人睡觉时，自己动作轻些。另一方面，两个人会共同遵守一些游戏规则——譬如，迎面而来时，走路靠左走。

虽然这两者不容易明确划分，但是在轮廓上还是大致清楚：

由每个人自己来操作的，是道德；由两个人共同运作的，是规则（法律）。法律，不是来自于司法女神的指引，而是来自于人际相处时的实际需要！对经济学者来说，星期五出现之后，经济学的故事很快就将结束；可是，对法律学者来说，星期五出现之后，法律的故事才刚刚开始……

虽然在鲁滨逊和星期五的世界里，也有游戏规则；可是，这套游戏规则非常简单，而且是由这两个人自己来操作。鲁滨逊和星期五，既是球员，又是裁判。当社会上有成千上万个鲁滨逊和星期五的时候，才会有专任的裁判——因为资源够多，才负担得了专业的警察、法官和其他的执法人员。而且，在这种社会里，道德和法律的关系，又演变为另外一种模样。

在一个正常的社会里，道德和法律等于两种工具，可以用来处理各种人际相处时逾矩的行为。不过，聪明的人（现代的鲁滨逊和星期五们），已经悄悄地赋予道德和法律不同的任务。简单地说，对于所有的"小是小非"，法律不处理，而由道德来承担责任。譬如，约好晚上八点在电影院门口碰面，一起看电影，结果等到九点半还不见人影。或者，在闹区里被高跟鞋踩到，痛得龇牙咧嘴。这些都是小是小非，由道德来处理，法律不管。

法律不管的原因有两点：首先，是显而易见的理由；如果这些鸡毛蒜皮的小是小非，都要由法律来处理，成本太高。其次，小是小非由当事人处理，效果最好。因此，由被放鸽子的人和被高跟鞋踩到的人发出道德谴责，要比由法官递出判决来得有效。

对于"中是中非"，法律和道德都发挥作用、互通有无。譬如，欺骗别人的金钱、感情、信任，或超速撞伤行人，或以暴力加诸于亲戚朋友乃至于陌生人，不但为道德所不容，同时也为法律所不许。这是因为"中是中非"所牵涉的得失比较大，所以道德的力量有其限度，必须依赖法律的支持。相反的，有道德力量的约束，也可以减轻法律的负荷。因此，每一个人都像是兼职的警察、法官，发挥了一部分纠举、裁决、惩罚的功能——"千夫所指，无疾而死"，其实有正面的意义！

对于"大是大非"，道德帮不上忙，只能靠法律。原因很清楚，因为大是大非牵涉的利益很可观，道德已经无济于事，只能求助于法律。譬如，上市公司的财务报表，攸关巨额的金钱和许多人的权益。这时候，道德的作用很小，而不得不依恃法律。

因此，道德和法律，可以看成是两条上下平行的光谱，而且各有左右两段。道德的光谱，左半段处理小是小非，右半段处理中是中非；法律的光谱，左半段处理中是中非，右半段处理大是大非。两条光谱重叠的部分是交集，也就是处理中是中非的部分。

以是非的大小来分辨法律和道德，很有启发性；这是哈佛大学法学院的讲座教授萨维尔在就任美国法律经济学会会长、发表演讲时，所提出的见解。加上鲁滨逊和星期五的故事，刚好可以完整地描述法律和道德的演变过程。

当然，在一篇演讲词里，所能处理的问题很有限；还有很多有趣的问题，值得作进一步的思索。譬如，两道光谱的宽度，如何演化？两道光谱的交集，又是如何变迁？

小是小非、中是中非、大是大非，显然就是指外部性的大小。

## 抽象的思维

由外部性的概念出发，可以从一而终、一以贯之地阐释法律；在分析方法上，可以把这种观点和传统法学的分析方法，作一些有趣的对照比较。

在法学里，公平正义是最上位的概念；为了实现公平正义，就发展出一些相关的思维。其中，水平公平和垂直公平，是大家耳熟能详的概念。"水平公平"（horizontal equity），是指相同情况（相同行为、相同罪状）的人，应该受到相同的待遇；"垂直公平"（vertical equity），是指不同情况（不同行为、不同罪状）的人，应该受到不同的待遇。

在直觉上，这两个概念简单明了；可是，在实际应用操作上，这两个概念却过于抽象、甚至空洞。譬如，同性恋的配偶，可不可以领养子女？由配偶的角度看，同性配偶和异性配偶，是处于"相同"的情况；可是，由性别组成上看，同性配偶和异性配偶，却是处于"不同"的情况。因此，对于同性恋配偶可不可以领养子女的问题，根据水平公平或垂直公平，未必能得到明确的答案。

为了能增加应用和操作的空间，在水平公平和垂直公平这两个概念之外，法学里还发展出"比例原则"。在观念上，比例原则和水平、垂直公平之间，似乎相近甚至相等；其实，不然。这些概念之间，有一点微妙的差别。比例原则，隐含着大小、轻重、高低、多少等等；也就是，隐含着在某个方向上的一种排序。根据这种方向上的排序，在思考问题上才有明确的着力点。可是，水平公平和垂直公平，却没有类似的明显含义。

结合水平公平、垂直公平、比例原则这三个概念，就可以厘清法律的结构（民法、刑法）、法律的内容（行政命令、法律、宪法）和处分的方式（刑法里的罚金、拘役、有期徒刑、无期徒刑、死刑）。相形之下，外部性这一个概念，可以囊括水平公平、垂直公平和比例原则这三个概念；因为，外部性本身就隐含一种大小的排序——外部性的大小。

因此，外部性的概念，不但有以简驭繁的好处，而且容易和每个人的生活经验产生联想。外部性之作用，大矣哉！

## 结语

语言文字，都是工具，帮助人们沟通、记录；同样的，各种分析性的概念，也是工具，希望有助于阐明事理、解读现象。在这篇文章里，我以"外部性"这个概念为核心，尝试一以贯之地解释法律的各个面向。首先，外部性有正有负；而且几乎无所不在。其次，法律所处理的问题，往往就是大的、负的外部性。再次，法律的规定，通常是双刃剑；在保障某些人权益（避免承担负的外部性）的同时，也伤害其余一些人的权益。还有，由外部性的角度，可以了解法律的结构、内容和处分方式。

当然，就像其他的分析性概念一样，外部性这个概念的功能也有其限度。在这一章开始时提到的一些事例里，有些就不容易以外部性作明确的解释。譬如，小偷的朋友中毒致死、驾驶员因为鞭炮受惊造成死伤，都和外部性有关；不过，由"因果关系"的角度来分析，可能更明确深入。

还有，经济学对法学的影响，基本上也是外部性的问题；对于这种外部性，有没有好的分析方式呢？

**相关文献：**

（1）Buchanan，J. M. "Rights，Efficiency，and Exchange：The Irrelevance of Transactions Cost"，in James M. Buchanan，ed.，*Liberty*，*Market and the State*：*Political Economy in the* 1980*s*，New York：New York University Press，1986.

（2）Coase，R. H. "The Problem of Social Cost"，*Journal of Law and Economics*，Vol. 3，pp. 1–44，1960.

（3）Coase，R. H. *The Firm*，*the Market*，*and the Law*，Chicago：University of Chicago Press，1988.

（4）Dahlman，C. J. "The Problem of Externality"，*Journal of Law and Economics*，Vol. 22，pp. 141–62，1979.

（5）Pigou，A. C. *The Economics of Welfare*，4th ed.，London：Macmillan & Co.，1932.

（6）Shavell，S. "Law Versus Morality as Regulators of Conduct"，*American Law and Economics Review*，Vol. 4，pp. 227–257，2002.

# 第九章

## 无怨无悔的爱？

波斯纳法官曾说："对于公平正义的追求，不能无视代价。"这句名言很巧妙地为经济分析和法学问题搭起了桥梁。

在推广教育的课程里，我曾经教过许多优秀的警官。对他们而言，经济学是另一种语言；不过，一旦娴熟之后，他们就沉浸其中、自得其乐。

有一位警官告诉我，过去碰到同仁为情所苦、想自杀，他总是苦口婆心，希望能挽回；可是，"上有高堂老母，下有幼龄子女"的说辞，似乎没有作用。学了经济学之后，他再遇上类似的情景，就换了一套说辞："你自杀之后，如果她真的回心转意，你已经死了；如果她无动于衷、甚至如释重负，你不是白死？自杀值不值得，你自己可要想清楚！"据他说，这番说辞的效果，要比以前好得多。虽然他没有用"成本"这两个字，不过他论点所在，就是要听的人想清楚：对自己而言，自杀真正的成本是什么。

在法学里，如果要法律学者提出一个最重要的概念，"正义"

（justice）大概是不二的选择；在经济学里，如果要经济学者举出一个最重要的概念，大部分经济学者大概会选"成本"。正义和成本，看起来似乎是相隔遥远、截然不同；不过，在这篇文章里，我将尝试说明，成本这个概念对法学其实非常重要。

## 成本的几个面向

每一个学科，其实可以看成是一座金字塔。金字塔的最底层，是这个学科所处理的具体问题；中间层，是相关的各种理论；最上层，是核心的一些概念。

在经济学的金字塔里，"成本"是顶尖的那少数几个石块之一。既然如此，由金字塔的基底开始，从不同的面向往上攀爬，最后都会抵达顶尖。换句话说，由不同的面向出发，都可以归纳出"成本"这个核心观念；当然，由不同的面向着手，也可以体会到成本不同的样貌（configurations）。

### 雕塑理性和自利

在经济学者的眼里，人具有"理性"和"自利"这两种特质；可是，很少有人进一步追问：人有多少的理性和自利？

要回答这个问题，不妨想一想理性自利所隐含的成本。对每个人来说，照顾好自己的福祉，通常最简单，也就是成本最低。一旦要开始照顾其他人的福祉，除了有形的物质付出之外，往往还要耗费无形的心力；因此，成本较高。因为每个人的负荷能力有限，所以通常先照顾自己的福祉；行有余力，再照顾其他人的福祉。譬如，为人父母，多半是先照顾好自己的小孩，再幼吾幼以及人之幼。也就是说，人的"自利"，也受到成本的影响；人会以成本较低的方式，来运作"自利"这种特质。

关于"理性"，也是一样。在生活里，人要面对很多不同的情境；有些天天都有，有些偶尔出现，有些十年八年碰不到一次。对于常出现的，一般人显然能驾轻就熟；对于十年八年才碰上一次的，人显然没有意愿、也没有能力先做好充分的准备，好在万一出现时能从容对待。换一种说法，就是对于经常出现的情境，人的理性思维能力较强；对于偶尔出现的状况，人储存的数据库有限，思维的精致程度较低。因此，以这种方式来运作"理性"和面对环境，成本较低。生物体能以较低的成本存活，生存繁衍的机会显然相对地提高。

诺贝尔奖得主西蒙，曾提出"有限理性"的概念；他认为，一般人的思维，不会像围棋高手能推想一二十步。另一位诺贝尔奖得主布坎南则是更进一步，巧妙地把西蒙的概念引申为"理性（选择）下的有限理性"（rationally bounded rationality）——聪明的人，会选择自己要具有哪些理性、又各要有多少。而背后的驱动力，就是"成本"的考虑！

### 主观和客观的成本

成本这个概念，在经济分析里极其重要；历来的经济学者，也提出很多精湛的分析。

对于成本最粗浅的解释，当然是"口袋里掏出的钱"。因此，买一份报纸的成本，是新台币15元；喝一罐可口可乐的成本，是20元。可是，除了口袋里掏出的钱之外，还有其他的付出。譬如，到便利商店来回花了10分钟，在饮料架前斟酌了2分钟，把饮料灌下喉咙又花了10分钟；这些耗去的时间，显然也都是喝饮料成本的一部分。所以，除了直接支出的货币成本之外，还有其他的非货币成本。

在更高的层次上，还可以考虑行为的"机会成本"（opportunity cost）。周末我陪孩子去钓鱼，会耗去整个下午；如果不去钓鱼，可以有很多其他选择。譬如，如果在研究室写篇文章，可以得到稿费5 000元；如果去作一场演讲，可以得到4 000元报酬；如果看了一本不好不坏的书，可能觉得收获是3 000元。因此，因为去钓鱼，而放弃了写稿、演讲、看书等等的机会；这些机会里最值钱的，就是写稿子，值5 000元。所以，钓鱼的"机会成本"，就是5 000元。很多职业妇女，结婚后留在家里相夫教子；万一意外受伤，赔偿的金额，往往会参考他们结婚前工作的待遇。很明显，这是运用"机会成本"的概念。

布坎南在1969年出版了一本小书，名为《成本和选择》（Cost and Choice）；对于选择和成本，又作了更进一步的阐释。他认为，每一桩选择，都隐含了成本；而且，在面对取舍的那一刹那，成本的概念发生很微妙的转折。我在考虑要去钓鱼或去写稿时，两个选项都还没有实现；选了钓鱼，就无法去写稿。因此，写稿真实的乐趣和报酬，只能揣测，而不会实现。同样，如果选了笔耕，就无从体会钓鱼的经验和情趣。

由这种角度来看，布坎南认为，成本是一个主观（subjective）概念；只有在脑海里出现，而不会真正地实现。因为，一旦作了选择，其他的可能性立刻消失；那些被放弃选项的真实内涵，也无从捕捉。

在知识的探讨上，布坎南的论点很有启发性。但是，在真实的世界里，主观的价值很难操作；在处理具体问题时，往往不得不退而求其次，以客观价值（objective values）为准。譬如，因为车祸受伤失去工作，如果在工资损失之外，还要求大笔赔偿、以弥补"从工作中得到的乐趣"；一般而言，法院会处理客观的工资，而不会处理主观的"工作乐趣"。

### 无所不在的成本

无论是基于哪一种定义，由成本的角度，可以很直截了当地解读诸多社会现象。

以家庭组织为例，农业社会里，多半是大家庭；工商业社会、特别是在都会区里，多半是小家庭。对于这种变迁，很容易由成本的角度来解释。在农业社会里，面对各种天灾人祸时，大家庭充分地发挥了储蓄和保险的功能；也就是，在得到储蓄和保险的庇护上，大家庭是成本较低的方式——农业社会里，没有健保公保和劳保，金融机构也不发达。工商业社会，特别是在都会区里，维持大家庭的成本高；大家庭所发挥的功能，又被其他的机制所取代。因此，大家庭成本高、效益低，难怪日渐式微。这是对社会现象的解释，并没有价值判断的成分。

同样的观念，可以解释工商业社会里，单身贵族大量增加的现象。农业社会里，生活单纯；一个人吃喝玩乐的活动，几乎都和同一个人——自己的配偶——一起。因为，这是成本最低的方式。工商业社会里，每个人接触的对象增加，很容易重新组合自己的"活动伴侣"。因此，登山有登山的朋友，考试有考试的伙伴，打球有打球的球友，由此类推。一个人的"配偶"，可以不再是一个人，而是很多不同的人。

能以专业化分工的方式组合自己的活动伴侣，就是因为人际交往的成本已经大幅降低。下面的故事，进一步描述成本无所不在的特性。


## 智慧的结晶


有一次在学校的推广教育课堂上、教国防管理学院的学员时，碰到"成本"这个概念。因为要激发大家的思维，所以我总是把自己的立场说得极端一些。我说：人类所有的行为，都可以从"成本"的角度来分析。

台下马上有人举手表示异议，他说："有些事情不是能讲成本效益的。"我请他举一个具体的事例，他显然胸有成竹地说："作战时，为求胜利不计代价，也就是不计成本；因此，成本的概念有时而穷！"讲完之后，面有得色。能够把老师问倒，大概是无上的乐趣，不论古今中外！

当然，这不是我第一次碰上类似的问题；我反问一句，如果为求胜利不计代价，为什么日本在二次大战时要投降？刚才表示意见的同学，似乎有点愣住。我继续发挥：通常我们认为"成本"并不重要，是因为某种程度之内，我们可以不计成本。可是，一旦面临考验，有谁能够无视于成本？

在自己的机关或公司里，当高级长官或大老板来巡视时，有谁是像平常一样的率性而为、甚至出言不逊——除了快退休或离职的人之外。为什么？因为率性直言的成本太大。

事实上，"成本"这个概念对人行为的影响，还值得作进一步的推敲。譬如，如果我们希望海滩干净，可以在沙滩上立几个牌子：观光胜地，请勿随地丢垃圾。另外一种做法，是除了这几个牌子之外，再放上几个垃圾桶。试想，哪一种做法的效果会比较好？

答案很简单，有垃圾桶比较好。因为，有了垃圾桶，可以降低游客们做好事的"成本"；做好事的成本愈低，自然比较容易（乐意）做好事。而且，"沙滩垃圾桶"的事例，还隐含了一种深刻的意义：买垃圾桶要花钱，按时清理垃圾桶也要花钱；所以，这种做法要付出"成本"。可是，如果没有垃圾桶，沙滩上是随手丢弃的垃圾；整个怡人的景观被破坏，大家所承担（所付出）的是另外一种"成本"。

因此，买垃圾桶花钱，但是换来干净的海滩；不买垃圾桶省钱，但是却要承受被破坏的景观。在"买垃圾桶"和"破坏的景观"这两种成本之间，怎么取舍比较好呢？而且，类似的例子俯首可得。多几位交通警察，要增加成本，但是交通秩序较好；少几位交通警察，少花点钱，但是要承担紊乱的交通秩序，以及时间心力的浪费。餐厅戏院不装防火逃生设备，可以省点钱；可是，一旦有意外发生，却要承担丧失宝贵生命的成本。对员工属下疾言厉色，好像一呼百应、无往不利；可是，却要承担没有人讲真话和阳奉阴违的成本……

我的结论很简单：虽然"成本"表现的形式可能很隐晦、很间接，可是确实无所不在。想一想，上课时照本宣科，老师可以省点力气；可是，隐含的成本又是什么呢？

我说完之后，台下一片安静；似乎，要弄得清楚"成本"的概念，可能也要付出可观的成本……

## 法学里的成本

在经济学的领域里，宣称成本无所不在，也许有几分道理；可是，在高举公平正义大旗的法学里，有"成本"这个概念生存的空间吗？

### 实然和应然

由许多侵权（torts）的官司里，可以看出成本的身影。首先，在雇佣关系（principle agent relationship）里，有多种类型。以修缮房屋为例，屋主可能雇一工头，自己指挥工头如何动手；或者，屋主可能把工作包给工头，由工头总其成。在施工过程里，一旦发生意外（木板上的钉子没有拔掉，造成路过的行人受伤），无论是民间习俗（也就是行规）或法律，都会有不同的处理方式。

如果是由屋主指挥工头，屋主要负责；如果屋主包给工头，工头要负责。由法律的观点来看，这是责任归属的问题；由经济分析的角度看，这种责任归属，是成本较低（效益较高）的方式。因为，当屋主直接指挥时，工头是居于一个口令一个动作的地位；既然大权操在屋主手里，由屋主避免意外比较容易，也就是成本较低。当屋主包给工头时，工头掌控全局，由他来避免意外比较容易，成本较低。

其次，在工作场所发生性骚扰的纠纷里，如果双方有从属关系，则公司老板要负责；如果双方没有直接的从属关系，公司或老板就不一定要负责。这种处置，也可以从成本的角度来解释。当双方有从属关系时，被骚扰的下属要抗拒比较困难；这是因为在其他方面，容易被直属上司刁难或找碴儿。而且，公司或老板在领导统御上，容易要求各级干部善尽职责。也就是，在这种情形下，由公司或老板来避免性骚扰，成本较低；由当事人避免性骚扰，成本较高。

当双方没有直接的从属关系时，情况显然不同。一方面，当事人比较容易抵制骚扰，因为不太容易被挟怨报复；另一方面，老板或公司要通过指挥体系，避免两性纠纷，比较不容易。因此，在这种情形下，性骚扰通常是当事人之间的侵权纠纷，和雇主没有直接的关联。

此外，在许多类似的实例里，都可以发现法律界定责任的原则——谁防范意外的成本低，就由谁承担防范意外的责任；因此，既然在实然面已经形成这种特质，法律就值得在应然面采取这种立场。也就是，在面对纠纷时，法院最好这么取舍：谁防范意外的成本低，就"应该"由谁承担防范意外的责任！

下面的故事，就是具体地阐释了法律的"实然"面和"应然"面。


# 乌鸦的话


身为经济学家之一，当然经历过各种对经济学者的调侃和嘲讽。不过，这也反映了经济学者至少有一点贡献——可以成为众人嘲弄的笑柄。也许，不需要经济学者，这个世界也能照常运转。可是，心平气和地想想，经济学（者）难道真的一无是处吗……

前一段时间有位法律系的老师问我，要怎么处理一个仲裁案件：某个公有市场里有座载货电梯，里面设有特殊开关，按下之后可以直达顶楼。有位轻度智障的小朋友进了电梯，大概是按了按钮，结果到了顶楼。几天之后被人发现时，小朋友已经脱水饿死。家长提出要市场（管理员）和电梯制造商负责和赔偿。

法律系的老师问我，由经济学的观点来看，怎么处理比较好？他知道我正在教"法律经济学"，这是由经济学者和法律学者所共同发展出来的一门新兴学科。

我告诉他，由经济分析的观点来看，这个案例并不困难。市场（管理员）的责任比较明确，因为明显有疏于管理的事实。可是，虽然孩童的家长和一般人会认为电梯制造商也要负责，这种推论却不一定成立。设计制造电梯时，是基于由一般人正常使用的考虑。如果为了防范智障小朋友误触按钮这种非常特殊的意外，要更改设计，而且金额非常可观；那么，即使被判要负起连带责任，制造商只会赔钱了事，而不会更改设计。下次再出意外时，再赔钱。

可是，由制造商来承担防范意外的责任，算不算是"好的判决"呢？要防范意外，最好是由最能防范意外发生的人来负起责任；也就是，谁防范意外的成本最低，就值得由谁来防范意外。基于这种考虑，显然智障小朋友的父母最清楚自己孩子的情形，能以最低的成本来防范意外。因此，我认为，孩童的父母也应当承担某种责任。

听我说完后，法律系的老师表示：他能了解我的逻辑，而且觉得有说服力。可是，在目前社会的气氛下，似乎很难作出这种仲裁。

这是几年前的事了，再想起这件事时，是最近看到台北地铁意外的消息：一个五岁左右的孩童，跟着母亲搭地铁；小孩提前下车，妈妈还在车上。结果，小孩跳下轨道追赶列车，却不幸在隧道里被另一辆地铁撞上而死。意外发生后，地铁公司先是表示，要依"搭乘大众地铁发生意外事故处理办法"之类的规定赔偿；而后，在民意代表和家属的指责抗议之下，又表示要协助家属申请"国家赔偿"。

小孩意外丧生，尤其是那一段追赶列车找妈妈的过程，想来令所有识与不识的人动容心惊。可是，除了对家属同情之外，以"国家赔偿"来处理这桩意外，真的是最好的方式吗？

就像电梯意外的事例，谁最能防范这次的地铁意外呢？带着年仅五岁的儿童坐地铁而让孩子离开身边，这是妈妈的第一个（严重）过失；发现小孩不见后，没有拉紧急刹车装置让列车停下，这是妈妈的第二个过失。孩童的妈妈是最容易防范意外发生的人，然而显然并没有完全尽到自己的责任。因此，虽然她在良心上受到无比的煎熬，可是在法律上也应该负起某种程度的责任。

而且，如果法律认定妈妈不需要负担责任，并且以"国家赔偿"来处理，是不是"可能"引发一种不当的诱因——某个心狠手辣的父母（不是指这次事故中的父母）会不会得到灵感，有意无意地让自己的子女发生地铁、火车、舟船的意外？这种联想似乎残忍，但是有没有"可能"呢？

也许，经济学者的言行真的不讨人喜欢；但是，乌鸦的聒噪是不是也有某种警世预言的意味？

### 程序正义和实质正义

由成本的角度，也可以清楚地解释司法运作的内涵和方式。以"正义"为例，由正义这个概念出发，很容易接受"相同的行为，受相同的待遇"的想法。但是，想象一种情况：两辆机车在闹市区飙车蛇行、横冲直撞，行为上完全无分轩轾。可是，一辆运气好，没撞上人；另一辆运气不好，把路人撞成重伤。由结果上看，一辆撞上人、一辆没有；但由行为上看，两辆车的过失毫无差别。不过，在法律上，却会对两辆车采取非常不同的做法。

一般人的观念里，如果对两辆车一视同仁、不论结果，显然将耗用可观的司法成本；可是，如果根据结果来处理，因为结果明确，司法成本大幅降低。所以，无论对一般民众或司法体系而言，由结果来论断是非（以成败论英雄），是成本较低的做法。由此可见，正义的内涵，也就是社会所接受或所赋予正义的概念，确实受到成本这个因素的影响。

其实，不只实质正义是如此，程序正义也一样。在追求正义时，社会往往会采取某种程序；而程序的方式和内涵，都有成本的身影。最简单的例子：为了避免犯错、误判，司法程序愈严谨愈好；可是，在一般法治国家里，多采取三级三审的方式，却没有九级九审的做法。追求正义，也必须面对成本的考虑。

事实上，简易法庭的做法，就直接反映了司法成本的考虑。杀鸡不用牛刀，符合成本效益；简易法庭，就是杀鸡不用牛刀。此外，现代民主社会里，有些政府机构兼有行政和司法的职责；譬如，在公平交易、环境保护、消费者权益方面，行政机关往往具有某种司法裁判权。集行政和司法于一身，有球员兼裁判的成分；但是，对于专业程度较高，或技术性成分较重的事务，基于成本的考虑，某种程度的球员兼裁判或许利大于弊。

此外，由初犯和累犯的处理方式上，可以看出比较复杂的程序问题。虽然在法学教育里，一再强调：即使是累犯，在被证明有罪前，也要视为无辜；只有在量刑的时候，才考虑前科的事实。这种观念必然主要的着眼点，是对人权的保障。曾经犯过错，并不表示会再犯错；否则，有前科的人，受到差别待遇；这好像是"原罪"一般，等于是未审先判。

可是，权利的背后，需要相关条件的支撑，而且必然牵涉到资源的运用。试问，对于一个已经有20次前科纪录的惯窃和一个没有任何前科的嫌疑犯，警察、检察官乃至于陪审团和法官，是不是"应该"以同样的方式、心情、程序、时间、心力来处理？如果对前科累累的嫌疑犯，花少一些的时间心力；就可以把省下的时间心力和资源，用来处理其他的案件。也就是，把累犯当初犯来处理，是"机会成本"很昂贵而奢侈的做法。当然，累犯之间，也有程序上的差别。前科两三次的累犯和前科二三十次的累犯，确实大不相同；事实上，这种认知也反映一种成本上的评估——把这两种人一视同仁，容易犯错，而犯错的成本很可观。

有趣的是，对于"累犯初犯是否一视同仁"这个问题，最后是由谁来决定？在一个民主法治的社会里，公共事务由代表民意的民意机关来定夺；而民意机关里的民意代表，（理论上）不过是一般纳税义务人的传声筒而已！因此，最后的决定权，是由一般纳税义务人来决定。对一般纳税义务人而言，他们希望司法机关怎么运用他们所缴的税？对于初犯和累犯，他们希望一视同仁，还是希望有某种程度的差别待遇，无论是在裁决前或裁决后？

## 交易成本

科斯会得到诺贝尔奖，主要是他在 1937 和 1960 年发表的两篇论文；而贯穿两篇论文的概念，就是"交易成本"。

交易成本最简单的定义，就是"为了达成交易所耗费的资源"。这个概念，最好以一个实例来说明。小林新婚，想买个冰箱；对冰箱他一无所知，因此花费了一些时间搜集信息、征询同

190

事朋友。然后，他到几个电器行里去选购，请售货员展示说明，并且和老板讨价还价。买了之后一个月，他发现冷冻库经常结不了冰；因此，他又费了一番周折，把冰箱送回店里，换了一台。

在这个简单的交易里，可以依时间先后，分成三段：交易前、交易当时、交易后。在各段时间里，都有时间心力、有形无形的付出。具体而言，为了达成交易，事前有"搜寻成本"（search cost），交易时有"议价成本"（bargaining cost），事后有"履约成本"（enforcement cost）。因为有这三种成本，所以交易的方式和内容（程序和实质），都会受到影响。一些简明的事例，可以反映这个重要的体会。

譬如，美国三大汽车公司，对自己的产品往往提出"五年或五万公里"的保证；在保证期限内，免费维修。这种保证，就大幅降低了顾客们搜寻和议价的成本。还有，在汽车保险和健康保险里，往往有"扣除额"（deductible）的条款：汽车进厂送修或投保人进医院治疗，花了 2 000 美元；假设扣除额是 1 000 美元，那么保险公司的理赔额，将是实际花费减去扣除额的部分，也就是 1 000 美元。这么做的原因，是因为在履约时，保险公司不知道维修和治疗是真是假，也很难查证；因此，借着扣除额的做法，可以加重当事人的责任，以避免无谓的浪费。

由这些事例，可以就近取譬，考虑交易成本这个概念在法学里的意义。首先，最明显的例子，是关于契约条款。就一个典型的商业契约而言，讨论、书写、修改、签订等等，都要付出成本；为了增加彼此的净利润，签约成本（contracting costs）最好不要太多。因此，契约里不可能巨细靡遗，列举各种可能的情况（如

191

果油价涨为 50 美元一桶、如果美国出兵中东、如果道琼工业指数跌破 5 000……)。所以,一方面会有定型化契约(standard form contracts)出现,降低双方的缔约成本。另一方面,万一特殊情况出现,没有涵盖在契约条款里,就往往依靠行规(trade customs)来处理。如果演变成官司,法官也可以借着"假设性思维"来处理:如果当初双方考虑到这种特殊情况(大地震、电力中断),会如何处理?这种思维方式,未必能处理所有的纠纷,但是至少提供了一个思维上的起点。

其次,"隐性契约"(implicit contract)的概念,也可以从交易成本的角度来解释。有人意外昏迷,路人帮忙送进医院,医生出手急救;事后,病人不认账,认为医生和医院多事。或者,某个教派反对输血,不知情的医生为教友输血急救;事后,教友控告医生侵权。在这两个事例里,事发当时,都无从协商签约,因为交易成本过高。利用假设性思维,就可以有处理的依据:如果病人清醒自主,绝大多数的情况下,会同意医生救护和输血。如果为了少数教派的特殊信仰,医生从此束手束脚,对整个社会而言将是一种损失。

最后,市场里的交易,是双方自愿,而且双方互蒙其利。也就是,财物的移转和换手,自愿性的交易是成本很低的方式。相形之下,偷窃、抢夺、勒索、恐吓、胁迫、诈骗,本质上都是财物移转和换手。可是,这些方式,都违反了"自愿性"交易的特质。在一般法治社会,希望看到财物资源流动的方式,是以成本低的途径来达成。因此,法律所采取的立场,可以由交易成本的角度,作合情合理的解释。

# 结语

在经济学里，成本这个概念的重要性，几乎等同于公平正义在法学里的重要性。但是，在成本和公平正义之间，有一些微妙的区别。公平正义，是一种规范式的价值；公平正义的内涵，通常是由人们在观念上赋予或充填。相形之下，成本，不是抽象的理念，而是见诸于人们各式各样、大大小小的行为。如果能降低成本，就可以把省下的资源心力，放在其他的使用途径上。因此，成本的概念，符合物竞天择的精神；为了生存繁衍，人们会设法节约资源，降低成本。

和成本相对的，当然是"效益"这个概念。虽然成本对应的，就是效益；可是，实际上，成本的概念比较明确，效益的概念却往往很模糊。譬如，要求全民具备外语能力，成本比较容易估量，效益却比较含混。因此，成本的概念比较清晰，在思考上也容易有着力点。在这一章里，我试着以"成本"这个概念为核心，解释法学里的诸多问题。这么做有两个目的：一是以简驭繁，以成本低的方式思考问题；另外一个目的，是一以贯之，由经济学的分析性概念，阐释法学里不同领域的问题。

波斯纳法官曾说："对于公平正义的追求，不能无视代价。"他的这句名言，很巧妙地为经济分析和法学问题搭起桥梁；而这座桥梁，就是由成本这个概念来支撑！

**相关文献:**

(1)Becker, Gary S. *The Economic Approach to Human Behavior*, University of Chicago Press, Chicago, 1976.

(2) "Nobel Lecture: The Economic Way of Looking at Behavior", *Journal of Political Economy*, Vol. 101, No. 3, pp. 385 – 409, 1993.

(3)Buchanan, J. M. *Cost and Choice*, Chicago: Markham Publishing Co. , 1969.

(4) Coase, Ronald H. "The Nature of the Firm", *Economics*, Vol. 4, (n. s. ), pp. 386 –405, 1937.

(5) "The Problem of Social Cost", *Journal of Law and Economics*, Vol. 3, pp. 1 –44, 1960.

(6)Zerbe, Richard O. *Economic Efficiency in Law and Economics*, Northampton, MA: Edward Elgar, 2001.

# 第十章

## 谁的剑谱，谁的武功？

五星级厕所和百年危楼共存的景象当然有点荒谬可笑，不过，这多少算是后见之明的智慧。

多年前，我们以分期付款形式买了一个公寓；不大不小，适合小家庭。后来分配到学校宿舍，我们就把公寓出租。

这些年来，前后有三组房客；前两次是家庭，最后是两位单身女郎。她们好像是高中大学同学，感情很好，一起合租。当初我表示，希望只是租给她们两位，不希望有转租等等。没想到，后来她们之中有一位结婚，先生也搬进公寓；我好久之后才知道，打电话向她们表示异议。房东房客之间，开始有点火药味。

为了弄清楚租约的权利义务关系，我四处打电话征询法律意见。我把事情的来龙去脉，告诉一个租屋服务中心的法律顾问，问他房客是不是违约？他答得很妙，大出我意料之外。他说："应该没有违约，因为根据民法规定，夫妻有同居的义务；所以，先生搬进公寓合住，没有什么不对！"我请教他，过去有没有类似的

197

官司，可以查判决和理由；据他所知，没有。

听他的解释，当时我很讶异；后来，自己想通了，知道他的见解说不过去。如果根据"夫妻有同居的义务"，先生就有权和太太同住；那么，女儿结婚之后，女婿不也有权搬进丈人的家里？我不相信，有哪一个法治社会，会接受这种逻辑或做法。因此，那位法律顾问显然学艺不精，引喻失义。

在这一篇文章里，我将阐释思索法学问题时，经济学者常援用的几种思维模式（conceptual device）。这些思维方式，不像成本效益分析（cost-benefit analysis）这般宏伟博大，而只算是分析问题时可以依恃的参考坐标（reference framework）而已！

## 波斯纳的两式马步

波斯纳法官，以才气纵横、著作等身来形容，一点都不为过。我认为，他的治学风格，特别令人敬佩的有两点。

一方面，他不断探索新的领域、新的课题；即使是全职的首席法官，他也从来没有停下来、或固守熟稔的范围。另一方面，他一向直道而行，在学术上从不采取四平八稳、温良恭俭让的立场。读他的文章，总觉得有新意、有智慧。关于思索法律问题，波斯纳有两个非常明快的工具：假设性思维、财富最大化。

### 假设性思维

在很多问题上，争讼双方的争执所在，是"当初没有说清楚"或"契约的条款里没有载明"。譬如，英国曾有一个案例：某家罐头公司，雇了一架小飞机；约定在天朗气清时，拖着"请用 xx 罐头"或"xx 罐头公司向您问好"字样的标语，横跨天际。这是典型的交易，双方互蒙其利；罐头公司作广告，小飞机提供广告服务。

然而，天有不测风云；在一个日朗天清的日子里，小飞机飞上天际，好好地在市区上空来回驰骋。万万想不到，那天刚好是国殇日，举国上下一致哀悼为国捐躯的阵亡将士。因此，小飞机的举动，不但没有发挥预期的效果，反而是帮倒忙。很多人打电话到罐头公司，抗议公司不通人情、品味不佳（bad taste）。罐头公司觉得权益受损，告到法院，认为小飞机在履行契约时，应注意而未注意。小飞机也有话说，当初的约定是"天朗气清"；后来既不是在乌云密布时飞，也不是在明月高挂时飞，何违约之有？

在这种情况下，假设性思维就可以派上用场。法官可以问争讼的双方："如果当初签约时，曾经针对这个因素考虑；那么，会定下何种条款？"或者，简单明确地问："当初签约时，罐头公司会不会要求，在国殇日请小飞机做广告？"

答案当然是：不会。因此，虽然契约里没有先订定，但是契约里不可能事先设想千奇百怪、不一而足的情况——譬如，如果当天有大地震，即使天气晴朗，也不应拉广告。把契约简化，降低订约成本（contracting costs），对双方都有利。至于在履约时，一旦发生特殊情况，双方都可以自问：如果当初针对这个情况订约，会如何取舍？然后，就以这种取舍，作为行为的依据。

另外一个贴切的例子，也是英国的官司。某次英皇加冕大典，游行所经路线的二、三楼阳台，都被预订一空。可惜，当天御体违和，典礼延后。阳台主人要求依约付款，因为当天确实提供了阳台。可是，不少订阳台的人拒付，因为订阳台的目的，就是要观礼。对于这个官司，利用假设性思维，就很容易找到处理的标杆：如果当初双方曾讨论"御体违和、典礼延后"的情况，大概绝大部分的人都会同意：契约该顺延后或取消，但针对原约定，支付阳台主人部分金额以为补偿！

就我自己碰上的事例而言，虽然当初没有讨论"结婚而配偶迁入"的情况，但是房租是针对两位房客、而不是针对一个家庭而定；如果当初面对这个情况，我想双方都会同意：住的人增加，房租相应调高。

当然，运用假设性思维，不一定在所有的情形下都有明确的结果。但是，在思索许多法律问题时，波斯纳的发现确实是好的切入点。

## 财富最大化

对法律学者来说，假设性思维只是一种思考的技巧，不太涉及基本理念或价值。相形之下，波斯纳"财富最大化"的论点，在法学界引发了很大的争议。

波斯纳的基本立场，其实很简单。在面对很多官司时，法官可以自问：怎么判，才能使社会里的财富愈来愈多？例如，美国曾发生一件著名的官司。一位摄影家，费尽千辛万苦（和大笔金钱），到喜马拉雅山照了很多慑人心弦的照片；他把这些得来不易的底片，寄给一家冲印公司。没想到，冲印过程里，这些底片不慎遗失。摄影家提出告诉，要求冲印公司赔偿底片、邮费、来往喜马拉雅山的旅费和其他支出。理由是：冲印公司疏忽，造成损件；因此，应该赔偿重照所需的花费。

面对这个官司，因果关系很清楚；由公平正义的角度，似乎值得让摄影家得到完整的赔偿。但是，由波斯纳财富最大化的观点，却有不一样的思维和不同的取舍。他的推论，也非常简单。

他会问：如果让摄影家得到完整的补偿，长期来看，会使社会的财富增加或减少？试想，如果摄影家得到补偿，下次还会依样画葫芦；对于一般底片和特殊底片，他不会采取差别待遇。其他的摄影家，自然也会有样学样。还有，如果冲印公司这次要赔大笔金额，为了生存，以后必然提高收费；而且，为了自保，在处理底片时，也必然要采取较精致（也就是成本较高）的做法。整个冲印流程，变得迟缓、昂贵。此外，以后再发生类似的纠纷时，又要动用司法体系来检验顾客的说辞和证据，凭白耗费可贵的司法资源。

相反，如果冲印公司只赔偿那几卷底片（乘上某个业内公认的倍数、也就是当时业内所采取的做法），摄影家这次吃了大亏；但是，对于特殊底片和一般底片，下次他会分开处理。其他的摄影师，当然也会见贤思齐。冲印公司，对于指名要特殊处理的底片，以后会特别慎重，当然也会收费较高；对其他一般的底片，还是采取标准化的做法，收费也较低。采取双轨制，显然对双方都好，也可以处理较大量的底片。交易量大，买卖双方均享其利；长远来看，社会的财富会愈来愈多。因此，由财富最大化的角度着眼，不会让摄影家得到完整的补偿。

关于财富最大化的论点，波斯纳多年来曾多次执笔阐释；他的理由，可以分成实证（positive）和规范（normative）这两方面。在实证上，他认为，一般的风俗习惯、特别是交易行为里所发展出的"行规"，乃至于法庭上所作成的裁决，通常会使大家均蒙其利、而不会均蒙其弊。因为，均蒙其弊的做法，不可能让社会长期存活。

在规范上，波斯纳认为法院在面对契约和侵权等问题时，值得、也应该以财富为着眼点。因为，追求其他的价值——譬如使社会快乐程度最大——过于抽象模糊，无法操作；可是，衡量财富有较明确的量尺，可以帮助法官评估斟酌。而且，财富容易转换成艺术、音乐、文学等其他价值，但是其他价值却未必容易转换成别种价值。譬如，口袋里的 100 美元，很容易转换成面包饮料，救助饥民；但是，满腔的正义感，却未必容易变换成美元或其他价值。

事实上，目前人权程度最高、人的尊严受到最多尊重的社会，通常就是资源财富较丰饶的社会；有了世俗的财富资产，才容易支持比较抽象的价值。试问，在三餐不继、路有冻死骨的环境里，人的尊严会受到重视吗？在鸡犬之声相闻、老死不相往来的纯朴生活里，人的健康生命悬于大自然的施舍，不是吗？只有当社会富裕到相当的程度，一般人才可能享有温饱安全的生活，也才可能进一步追求民主自由这些抽象的价值。

此外，在比较抽象的层次上，以"财富"为思考的参考点，还有一层很积极的意义。财富表现的方式，或是具体的货币珠宝，或是有形的房舍牛马，乃至于雕塑画作等等。在兵荒马乱时，无论是珠宝或画作，都毫无价值可言；可是，在一个承平稳定的社会，珠宝、房产、牛马等财富，都大致有某种货币上的数值。这个数值，反映了买卖双方所愿意、而且又能够支持的一种评价。

譬如，我宣称毕加索的画作，对我价值最高；这是一种支持价值的方式。另一种方式，是我除了宣称之外，由口袋里拿出一张两亿美元的支票。两相比较，可以反映出财富的意义：在评估、交换、持有、储藏的每一个环节，财富都有"实质"的资源作为后盾。因此，在思索官司双方的权益时，财富背后大大小小直接间接的评价，都有助于法官斟酌取舍。

也许，一般人对财富金钱的保留和憎嫌，是因为人类历史上大部分时间是处于匮乏的情况；为了能自我排遣，只好发展出一些能自我安慰、自我说服的机制吧。

## 科斯的两把刷子

对法律学者来说，波斯纳财富最大化的论点，可以说是惊世骇俗，简直是世纪末的异端邪说。不过，这个论点，始作俑者其实是科斯。

在 1960 年发表的经典之作里，科斯明确提到"社会产值最大化"（maximize the value of social production）的概念。他的论点，可以借英国有名的"炸鱼薯条"（Fish and Chips）来说明。炸鱼薯条，是英国的国食，有点像广东粥、山东大馒头、台湾担仔面。

科斯曾说:"提到英国而不提炸鱼薯条,是自相矛盾、不可思议的说法"(England without fish and chips is a contradiction in terms)。

如果一家炸鱼薯条店搬到隔壁,香味四溢;但是,邻居告到官府,认为香味扰人,而且降低了房地产的价值。面对这种官司,法官如何处置?科斯的解答直截了当:看哪一种方式使社会产值较大,就选择哪种方式。也就是,科斯也不是从公平正义的角度着眼,而是着重在资源运用的效率上。

不过,有趣的是,由社会产值最大化的标杆立论,往往和以公平正义为出发点论述,得到殊途同归的结论。根据传统的法学思维,如果炸鱼薯条店搬进住宅区,当然不对,可是,如果搬进的是办公区商业区,可能就理直气壮。同样,由社会产值的观点看,搬进住宅区,影响整个区域的格调和特质,降低了社会产值(社会财富);搬进办公商业区,发挥红花绿叶的效果,反而增进社会产值,何错之有?

由炸鱼薯条店的例子,也就容易了解科斯在这篇论文里提出的"科斯定理"。

### 科斯定理和单一主人

科斯定理是指:当交易成本为零时,无论当初财产权如何界定,资源的运用都会是有效率的。

要解释科斯定理,可以想象一个和炸鱼薯条店类似的例子:上下游各有一工厂,上游工厂排放的污水,会影响到下游工厂的生产。那么,在法律上,到底要如何界定双方的权利:是让上游工厂有排放污水的权利,还是让下游工厂有不受污水干扰的权利?

假设下游工厂生产的产品，比上游工厂的产品值钱。第一种情况，如果原先的权利是归给上游的工厂，上游的工厂依法可以排放污水。可是，因为下游工厂的产品比较值钱，所以下游的工厂可以付钱给上游的工厂、而不再排放污水。第二种情况，如果原先的权利是归给下游的工厂，上游的工厂依法不能排放污水；而且，因为上游工厂的产品较不值钱，也就无法向下游工厂买排放污水的权利。

因此，无论当初财产权如何界定，最后的结果都是一样的，而且是有效率的结果——下游的工厂继续生产，而上游的工厂不排放污水。当然，关键在于科斯的假设：交易成本为零，也就是上下游的工厂讨价还价、拿翘作势，都不会耗费心力时间。

换一种说法，交易成本为零，是表示上下游的工厂，彼此都清楚地知道利之所在；他们所争执的，只是利益如何分配而已。既然交易成本为零，争执不耗用资源，所以最后双方会以利之所在形成交集，而且结果是有效率的。

科斯定理成立的前提，是交易成本为零；可是，在一般人的生活经验里，很难想象交易成本为零的景象到底为何。还好，文献里出现"单一主人"（single-owner）的思维方式。

在上下游工厂的例子里，彼此的权益冲突；一旦打官司，法官怎么取舍？根据单一主人的思维方式，法官就想象：如果上下游的工厂主人，因冲突而认识，因认识而相恋，最后结婚。这时候，两人利益合而为一，显然会追求整体利益最大化。因为下游工厂的产品价值较高，所以不会让上游工厂排放污水。这个结果，正呼应了科斯定理的主张，也呼应了科斯"社会产值最大化"的标杆。

权益冲突的两人，因相爱而结婚，这是一种想法；更直接的思维方式，是假设上下游工厂的主人是同一人。单一主人，自然会追求自己产业整体价值的最大化。无论是间接或直接的想法，单一主人的想法，提供了思考问题的一个着力点。在面对权益冲突的问题时，法官可以以单一主人的取舍，作为排解或处理两人冲突的基准点。

在很多实务问题上，虽然没有直接援用单一主人的名词，但是却采取几乎完全一致的思维。譬如，货船在途中遇上暴风雨，情况岌岌可危。这时候，船员、货主（之间）、船主的利益，并不完全一致；可是，海商法里，允许船长做紧急处置，把某些货物先抛下海，减轻船重。等安全进港之后，再依比例，由所有的货主分摊损失。在暴风雨里，船长就像是船只、船员、货物的单一主人；由他来决定，最适当的处置是什么。由社会的角度来看，这也是追求社会产值（或财富）最大化的方式。

另外一个例子：在公司宣布破产重整时，由法院指定的重整人，其实就是单一主人；他同时代表所有的股东、所有的债权人和所有的员工，然后采取他认为适当的方式，以照顾各方的利益。长远来看，重整人的机制，也就是在使社会的资源、能有最好的运用方式。

单一主人的技巧，无疑增加了科斯定理的实用性，也使得这个定理的影响更为宏大。

**基准点分析法**

在 1960 年的论文里，除了震古烁今的科斯定理之外，还隐含了科斯极其特殊、但又极其平凡无奇的分析方式——基准点分析法（the benchmark approach）。

当有人说"猫王的声音很有磁性"，这句话已经隐含一个基准点——其他歌星的声音。和这个基准点相比，猫王的声音特别令人着迷。同样，当有人说"李光耀作风强悍"时，也是把李光耀和其他一般领袖的作风相比。其实，只要是作了价值判断，一定隐藏了某种量尺；有量尺，才会有相对的高低、大小、肥瘦、美丑、是非、善恶和对错。

在论文里，科斯采用的基准点有两个：社会产值最大化和零交易成本的世界。在思索法律问题时，法官可以自问：哪一种裁决，可以使社会产值最大化？还有，既然交易成本为零时，资源运用是有效率的；因此，财产权的界定，最好使交易成本愈低愈好。由此可见，社会产值最大化和交易成本为零，可以作为斟酌思虑的基准点。同样，波斯纳的假设性思维和财富最大化，也都是思考上的基准点。

事实上，传统法学的论述方式，在本质上也是基准点分析法。譬如，根据"最后明显机会原则"（the last clear chance rule），对于误闯铁轨而被撞丧命的人，火车司机没有过失责任；但是，如果火车司机刚好看到这个人（而不是在看仪表），那么他手里有最后的机会，有可能紧急煞车、避免撞上。在这种情形下，司机才需要承担责任。或者，根据"善意取得原则"，如果是在有名有姓的店里、以正常价格买了珠宝饰品；即使事后发现是赃物，买方的权益也会受到保障。此外，法学论述里常以柏拉图、康德、罗尔斯等人的见解为出发点，再作申论；这些哲学家的见解，显然就是论述的基准点。因此，法学论述，在性质上是"法理式分析"（doctrinal analysis）；各式各样的法理（doctrines），就是不一而足的基准点。

关于基准点分析法，有两点值得强调。首先，在论述开始时摆出的基准点，通常是众人接受，或争议较少的立场。在法学界，各种法原则和哲学家的见解，显然容易得到圈内人的共鸣。其次，接受了基准点，等于是接受了立论的前提或臧否的价值和尺度。因此，在运用基准点分析法时，值得提醒自己，采取这个基准点的理由是什么？为什么是这个基准点，而不是其他的基准点？

最后这两个问题，也可以用来检验法学里最常出现的基准点——"公平正义"的概念。


## 我的一得之愚


在前面所讨论的思维模式里，有的隐含价值判断（财富最大化），有的则只是思考的技巧，和价值没有直接的关联（假设性思维、基准点分析法、单一主人）。

由阅读和思考里，我渐渐归纳出一种简洁有效的思维模式；而且，这种思维方式，有点"结合古今中外学说的精华，加上自己独见的道理，融会贯通而成"的味道。具体而言，这个思维模式可以用"A–A′"来表示。A–A′是简写，比较完整的呈现方式，是

$$A: B_1, B_2; C_1, C_2。$$
$$A': B_3, B_4; C_3, C_4。$$

　　这个结构虽然不起眼，却含有很多的内涵。首先，每一件事物（以 A 来代表），都有很多的面向（dimensions）；譬如，人有身高、体重、肤色、性别等等特质。其次，一件事物的好坏，通常是利弊掺杂，而不是全好或全坏。譬如，买了汽车，可以享受驾驶之乐，不再受雨天里挥手招出租车之苦；不过，有了车子，要找停车位，要防偷防撞。因此，总是利弊各有。利，可以用 $B_1$ 和 $B_2$ 来代表，B 是表示利益（benefit）；弊，可以用 $C_1$ 和 $C_2$ 来代表，C 是表示成本（cost）。

　　再次，A′是代表替代方案（alternatives）或其他的可能性；譬如，A 是送小孩上私立学校，A′是让小孩读公立学校。A-A′的结构，意味着一件事的好坏，其实是相对于其他事物的好坏。如果选的是 A，会得到 $B_1$ 和 $B_2$ 的利益，但是也要承担 $C_1$ 和 $C_2$ 的缺失。同时，选了 A，就得不到 A′的好处 $B_3$ 和 $B_4$，但是也避免了A′的缺点 $C_3$ 和 $C_4$。

　　还有，A-A′的组合，有点像是画连环图，把分析问题的过程一步一步、清清楚楚地呈现出来。这个组合也意味着，在现况 A之外，人总是可以试着去揣摩和想象，潜在的、可能的、还没有被实现的 A′。好的企业家，就是以现有的产品或做法（A）为基础，试着琢磨出更好的产品或做法（A′）。

　　对于法学问题，A-A′还有两种额外的启示。一方面，A-A′的组合，正贴切地反映了原告和被告之间的对立关系。如果是非对

209

错一目了然，通常不会成为官司。因此，法官所面对的问题，等于是在原告和被告之间，选择一个较佳的利弊组合。另一方面，A 和 A′，可以看成是两种游戏规则。选了 A，会诱发出一类行为反应；选了 A′，会诱发出另一类的行为反应。在斟酌裁量时，法官就值得未雨绸缪，以向前看（forward looking）的思考方式，推测不同规则所可能带来的后果。譬如，前面所描述摄影家和底片的官司，A 是冲印公司负全责、赔偿摄影家所有的损失；A′ 是摄影家负主要责任，冲印公司只负一小部分的责任。A 和 A′ 之间的取舍，就在于哪一种游戏规则，长远来看可以诱发出较好的行为反应。

在比较抽象的层次上，A-A′ 也透露出经济分析的基本立场：分析事物时，并没有预设立场，一切是由相对（relative）的角度着眼。对于经济学，常有人描述为"研究选择的科学"。在任何的选择（choice）里，其实都隐含了比较（comparison）和对照（contrast）。最后被选择的选项，一定是相对于其他选项而言、是比较好的。

当然，A-A′ 这种思维方式的好坏，是要和其他的思维方式对照比较之下，才能分出优劣高下。曾有一位学生，在学期末的报告里，就利用 A-A′ 的架构，来分析这种思维方式和其他思维方式的差别！关于 A-A′ 的应用，下面的故事可以约略反映出，不同游戏规则的内涵和之间的差异。

# 游戏规则的游戏

生命的脉动非常奇妙，有时候会在完全意外的情形下，经历同样的悸动……

前几天到木栅去改高考"公共经济学"范围的一份试卷；在四个问答题里有这么一题：上级政府对下级政府补助时，如果是针对特定的支出项目、而且要求地方政府提供配合款，结果会如何？

因为是针对"特定支出项目"，所以下级政府不能把钱用在其他的用途上；因为是要求"配合款"，所以地方政府一定要自筹一部分财源。也许考生的是非观念太强，有的考生铁口自断"结果一定不好"，因为上级政府所补助的不一定是下级政府最需要的项目；另外有些考生洋洋洒洒地阐述"结果一定好"，因为上级政府所提供的经费正是下级政府引领企盼的。

习惯了经济学里"条件式的是非"——在某些条件下为"是"，在某些条件下为"非"——所以对考生黑白分明的论断，我觉得有点可惜。

改完考卷没几天，刚好到高雄参加一个研讨会；之后，和几位学者专程到市政府拜访财政和主计单位（相当于大陆的财政和审计单位），找一些研究数据。两个单位的首长都很客气地亲自接待，大家坐在一起谈话。谈着谈着，主计处长谈到"补助款"的问题，他举了一个例子：上级政府对下级政府的补助往往指定用途；教育主管部门就曾经通过上级政府拨钱给各县市的教育局，指定作为改善各小学厕所之用。

因为专款只能专用，所以只好把钱全部用在厕所上。结果，有的小学才刚修缮过厕所没多久的，又把厕所打掉重建；有些偏远地区的小学用补助款盖了"五星级"的厕所，但学生老师却在摇摇欲坠的危险教室里上课。

我以前也听过类似的故事；但这次听到同样的情节、联想到改高考考卷的经验，脑海里好像有一个灯突然一闪，照亮了一些事物……

五星级厕所和百年危楼共存的景象当然有点荒谬可笑；不过，这多少算是后见之明的智慧。如果当初补助款不是专款专用，而是把同样金额的钱拨给学校，由学校决定、可以用到任何项目上；那么，五星级的厕所可能不会出现，可是五星级的校长室、计算机教室、图书馆可能会取而代之。还是会有误用浪费的情形；而且，因为经费运用的自由度增加，所以误用的情况可能更严重。

同样的道理，如果把补助款拨给地方政府的教育主管机关、统一调度使用，而不限于厕所或小学；那么，不但补助款可能在庞大的教育预算里失去踪影，教育之外的其他单位也刚好可以要求教育预算维持不变、而把因为补助款所"多出来"的教育经费移给其他单位使用。不论是哪一种情形，最后把补助款用在"小学厕所"上的机会可以说是微乎其微，教育主管部门最原始改善厕所的希望当然也就会完全落空！

"小学厕所补助款"的故事还隐含很深刻的一些含义：把补助款限定在改善小学厕所上，固然会造成一些"五星级厕所"的问题；可是，把补助款交给小学、教育局或地方政府自由运用，会造成其他结果虽然不同、但性质上一样的困扰。因此，两种做法各有各的利和弊，好坏之间就看利弊的比重和大小了。不过，更重要的是，利弊的大小和比重其实是和行政体系的各个环节有关。如果"小学"这个环节的水平很精致，可以把钱交给小学来自由运用；如果"教育局"这个环节的水平很可靠，可以把钱拨给教育局统一调度……因此，利弊、好坏、是非，都是被相关的条件所衬托出来的——条件式的结论！

如果利弊、是非、好坏都是条件式的判断，那么，美丑、善恶、顺逆是不是也是条件式的判断？还有，统独呢？……

在故事里，补助款"自由运用"是 A，"专款专用"是 A′；两种做法，显然都是利弊掺杂。而且，利弊的组合，事实上是由环境里相关的条件所决定。

## 结语

在这一章里，我探讨了几种思维方式；主要是经济学者在思索法律问题时，常用的技巧。

波斯纳的假设性思维和财富最大化、科斯的单一主人和基准点分析法，以及我琢磨出的 A-A′，都有简洁明确的特性；对于千奇百怪、难解难分的法律问题，都有以简驭繁的作用。当然，运用之妙，在于多试多想；娴熟之后，自然有"无入而不自得"的乐趣。

最后一点，这些思维方式，固然多半是技巧，无关价值判断；不过，在较深层的意义上，也反映了经济分析的基本精神。波斯纳所强调的财富最大化，不只呼应科斯的社会产值最大化，也可以往上追溯到亚当·斯密的《国富论》。对任何一个社会而言，使社会的资源愈来愈多，是人们长远以来所追求的目标。另一方面，A—A′的结构，则是清楚地烘托出经济分析所采取"相对"的立场；不同的物品、不同的价值、不同的游戏规则，乃至于实现公平正义诸多不同的手段，都是在相对比较之下，才有意义。

以"夫妻有同居的义务"，论证先生有权搬进太太租的房子同住；听起来理直气壮，但是仔细想想，真不知道是根据哪一种思维方式而来！

**相关文献：**

（1）Baxter，W. F.，and Altree，L. R. "Legal Aspects of Airport Noise"，*Journal of Law and Economics*，Vol. 15，pp. 1 – 113，1972.

（2）Coase，Ronald H. "The Problem of Social Cost"，*Journal of Law and Economics*，Vol. 3，p1–44，1960. Collected in *The Firm，the Market，and the Law*，Chicago：University of Chicago Press，1988.

（3）*The Firm，the Market，and the Law*，Chicago：University of Chicago Press，1988.

(4) Epstein, R. A. "Holdouts, Externalities, and the Single Owner: One More Salute to Ronald Coase", *Journal of Law and Economics*, Vol. 36, No. 1, pp. 553-94, 1993.

(5) Hsiung, Bingyuang. "On the Equivalence and Non-equivalence of James Buchanan and Ronald Coase", *Journal of Institutional and Theoretical Economics*, Vol. 156, No. 4, pp. 715-736, 2000.

(6) Posner, Richard A. "Wealth Maximization Revisited", *Notre Dame Journal of Law, Ethics, and Public Policy*, Vol. 2, No. 1, pp. 85-105, 1985.

(7) *Economic Analysis of Law*, 5th ed. , New York: Aspen Law & Business, 1998.

# 第十一章

## 岂止是明察秋毫而已

即使最民主的社会里，某些方面也都残留着专制独裁。那么，我们对于自己周遭的不仁不义，是否也该有所因应呢？

在某些工商业社会里，打官司的成本愈来愈高；不只耗费可观的人力物力，更重要的是往往旷日费时。对于分秒必争的企业界来说，时间的成本愈来愈难以负荷。

因此，一旦发生纠纷，双方往往避开司法体系，请公正的、双方都接受的第三者，以仲裁来决定是非。仲裁的特色之一，是在某些仲裁里，仲裁者（arbitrator）只需递出裁决，而毋须作任何解释。相形之下，任何法治上轨道的社会，法官在判决书里，除了列明判决之外，还必须叙明理由。这种做法，想来合情合理，但是在很多情形下，知易行难。下面的几个事例，可以反映一二：

· 餐饮小吃店经常有小偷光顾，老板在冰箱里摆了几罐饮料，里面装的是农药。小偷果然光顾，偷走饮料；小偷的朋友喝了饮

219

料，中毒而死。谁是谁非？

·进香团一路燃放鞭炮，其中一串不巧落入路过的轿车里。驾驶员受惊，轿车撞入人群，造成死伤。谁对谁错？

·甲乙丙三人到沙漠旅游，乙在甲的水壶里下毒，希望置他于死地；丙不知情，但是暗地里把甲的水壶倒干，甲终于渴死。谁有罪谁无罪？

·某位旅客因为火车严重误点，投宿旅馆过夜；不巧，旅馆发生大火，旅客的行李付之一炬，他向铁路公司求偿。谁该赔谁不该赔？

·某人养了一只爱猫，宠爱无比；朋友之间开玩笑，告诉他爱猫被车撞死。他听了之后心脏病发，当场过世。谁有责谁无责？

这些事例，有些是确实发生的官司，有些则是法学论述里的假设情况。可是，无论真假，一旦在法庭上出现，法官在判决中必须载明理由。法官的理由，当然和他认定的"因果关系"（causal relationship）有关。

在这一章里，我将探讨这个法学里重要的主题之一。首先，我将说明传统法学的见解；而后，由经济分析的角度，我将试着添增一些新的材料。

## 法学思维之一——历史名案

在法学里，关于因果关系的讨论，可以借着一件历史名案来

220

阐释。帕斯格拉芙太太诉纽约长岛铁路公司（Palsgraf v. Long Island R. Co.）的官司，发生在 1924 年；对于侵权、行为责任等概念，这件官司影响深远。

当年夏天某个周日的早上，纽约长岛铁路公司位于东纽约的车站，挤满了乘客，都准备乘车到长岛海滩游玩。海伦·帕斯格拉芙太太（Mrs. Helen Palsgraf），是一位离异的职业妇女；她和两位女儿，也在月台上候车。

不久，当一辆火车正慢慢驶离月台时，突然有两三个人，抱着包裹，冲过月台，跳上火车。其中之一腋下的包裹，大概有三十多公分长、几公分宽。他跳上火车的踏板，但是步履不稳。火车上的站务人员，伸手把他向车里拉；月台上的巡守人员，从背后把他向车里推。推拉之间，他手里的包裹松开，掉落在铁轨上——那是一大束爆竹。最后一节火车的车轮压过爆竹，引发爆炸。

一声巨响过后，月台上浓烟弥漫；烟雾散去后大家发现，木制的月台被炸坏一大块。月台上的一个体重计，被震倒、压伤帕斯格拉芙太太。当时，总共有十余人受伤送医，帕斯格拉芙太太不包括在内；可是，几天之后，她出现口吃的症状。医生认为，她的症状，是因为受到巨响，以及体重计撞击的惊吓。帕斯格拉芙太太提出告诉，控告铁路公司；因为站务人员的疏忽，造成她的伤害。她求偿 6 000 美元，相当于 2003 年的 5 万～6 万美元。初审时，陪审团判定帕斯格拉芙太太胜诉，上诉法院维持原判；但是，纽约巡回法院以四比三的票数、推翻原判决，裁定原告败诉，并且要承担诉讼费用。

221

判决书的执笔者，是当时纽约巡回法院的首席法官卡多佐（Judge Benjamin N. Cardozo）。卡多佐后来成为美国联邦最高法院大法官，也是美国司法史上最著名的法官之一。帕斯格拉芙太太这件官司的判决书，就是卡多佐最广为人知、也最有影响力的判决之一。当然，这个判决书赫赫有名，有以致之。

在传统法学思维里，有一个一致赞同的原则，可以判断事件的因果关系——"若非"原则（the but-for test）。在观念上，"若非"原则很简洁清晰：如果不是因为 A，就不会有 B；那么，A 就是造成 B 的原因，A 和 B 之间有因果关系。因此，在这章一开始所举的例子里，若餐厅老板没有在饮料里下毒，小偷的朋友不会误食而死；老板的行为是因，小偷朋友中毒而死是果。还有，在甲乙丙沙漠行的故事里，若乙没有在甲的水壶里下毒，丙还是会把水壶倒干，甲还是会渴死。所以，甲的死不是因为乙下毒而造成，乙和甲之间因果关系不成立——当然，乙的行径变成谋杀未遂。

但是，根据"若非"原则，虽然可以厘清"事实上"的因果关系，却未必因此而界定了"法律上"的因果关系。事实上（factual）的因果关系，是客观存在的、是逻辑上的概念；法律上（legal）的因果关系，是法律所愿意处理、所认定的概念。在帕斯格拉芙太太的官司里，卡多佐法官就一针见血地指出这两者的差异。

根据"若非"原则，若铁路公司站务人员善尽责任，出面制止那两三位乘客勉强登车，爆竹不会落地爆炸，造成帕斯格拉芙太太的伤害。因此，若非铁路公司的疏失，已经买票的帕斯格拉芙太太，不会口吃乃至于失声。铁路公司和她之间"事实上"的因果关系，非常明确。可是，卡多佐法官提出"可预见性"（foreseeability）的观点，来评估铁路公司的责任。他认为，当事人的疏忽和过失，是相对于他的责任（duty of care）；而责任，是指"可以预见的责任"（duty of foresight）。对于不可预见情事，并无所谓的责任可言；没有责任，当然就没有所谓的疏忽或过失。对于纽约长岛铁路公司（的站务人员）而言，很难预料他们对旅客的协助，会使一包爆竹落地爆炸，再伤及在月台上的乘客，再引发乘客的口吃和失声。

因此，即使在"事实上"，帕斯格拉芙太太的伤害，和铁路公司人员的行为有关；但是，卡多佐法官却以"可预见性"，作为检验因果关系是否在"法律上"成立的准则。从此之后，在类似的官司里，这个"可预见"原则（the foreseeability doctrine）就成了许多法院援用的准则。

在这件官司的判决书里，持少数意见的安德鲁法官（Judge Andrew），也提出了一个有趣的观点。他认为，一个人的行为责任，是对社会上所有的人，而不是只针对特定的少数人，（due care is a duty ... to protect society from unnecessary danger, not to protect A，B or C alone.）这种立场，刚好和卡多佐法官的见解相左。卡多佐法官认为，一个人的责任，只及于"可以预见"的某些人；因此，是有限的、局部的责任。然而，安德鲁法官的看法，一个人（法律上）的责任，是对普遍的所有其他人。

关于卡多佐法官的多数意见，有两点值得强调。一方面，传统见解的"若非"原则，主要是界定事实上的因果关系；他的

223

"可预见"原则，则是明确地标示出法律上的因果关系。对于操作法律，这个原则凸显了思维上的一个着力点。另一方面，以"可预见"来界定法律所处理的范围，固然纲举目张；但是，"可预见"是一个主观的概念，本身没有明白的界限和范围。对于"可预见"的内涵，不同的人很可能有不同的解读。

无论如何，帕斯格拉芙太太的官司，造成法学见解的创新和突破。在事实上，这个因果关系很明确。


## 法学思维之二——NESS 原则


"可预见"原则，把法学思维往前推进了一步；可是，虽然这个原则在观念上有启发性，却不是万灵丹。

前面提到，餐饮店老板在饮料里下毒的例子；也许餐厅老板"可以预见"小偷将中毒，可是他能预见小偷的朋友、或小偷的朋友的朋友将中毒吗？根据卡多佐法官的"可预见"原则，小偷的朋友和朋友的朋友，可能都被排除在外；可是，根据安德鲁法官的"一般性"原则，餐厅老板必须对社会上其他的、所有的一般人负责；小偷的朋友和朋友的朋友，显然就被涵盖在内。那么，谁是谁非呢？

还有，在沙漠之旅的故事里，乙在甲的水壶里下毒，可以预见甲将中毒；可是，丙却把甲的水壶倒干，阻却了乙的过失。根据"可以预见"原则，乙有责任；根据"若非"原则，乙的行为和甲的死没有因果关系。那么，谁对谁错呢？另一方面，"若非"原则本身，也有盲点。两个例子，可以说明曲折。两幢房屋分别起火，延烧到第三幢房子；屋主对两幢房子的主人，同时提出告诉。可是，若非第一幢房子起火延烧，第三幢房子还是会被第二幢房子延烧；因此，根据"若非"原则，第一幢房子无须负责。同样的，若非第二幢房子，还有第一幢房子会延烧到第三幢；因此，根据若非原则，第二幢房子也没有责任。结果，两幢房子都没有责任！

同样，朋友俩到野外猎狐，听到声响，同时对树丛开枪；树丛后哀叫一声，一人中枪蹒跚而出。受伤的人身中两枪，两人都有责任。（如果只中一枪，又无法作弹道比对，会是另一个问题。）可是，根据"若非"原则，个别来看，两人都不符合"若非"的条件。结论是，两人都无须负责。于情于理，都说不过去。因此，"若非"原则本身，也有操作上的盲点。

在法学研究里，关于因果关系的讨论，莱特（Richard W. Wright）曾发表一系列的文章；他所提出的 NESS 原则（Necessary Element of a Sufficient Set），是到目前为止，逻辑上最严谨的论述。简单地说，莱特的企图，是希望通过 NESS 原则，可以明确、清楚、精确地决定因果关系；而且，还可以避免"若非"原则所导致的谬误，以及卡多佐法官"可预见"原则的主观性。说明 NESS 原则最好的方式，是经由两个实例。

第一个实例，是实际上出现过的官司。两部汽车，高速、喧嚣地同时和一辆马车会车；汽车的声音、速度和排出的气体，使马匹受惊狂奔，结果马车受损而乘客受伤。第二个实例，也是一件官司。在上游的 26 家工厂，把污水和废料排放到一条溪中；下游的一户人家，土地受到污损，几乎成为废土。

根据"若非"原则，分开来看，即使没有这一部汽车，还有另外一部汽车，会使马匹受惊。因此，每一辆车都没有责任，也就是两辆车都没有责任；就像两栋房子起火延烧、或两发子弹同时命中，两者都没有责任一样。在污染的例子里，也是如此。若非这一家工厂，还有其他 25 家工厂，还是会造成污染。因此，这一家工厂没有责任，余此类推。

根据卡多佐法官的"可预见"原则，使马匹受惊的车辆，可能都有责任，因为可以预见会使马匹受到惊吓。可是，在 26 家工厂的例子里，每一家工厂，都排放微量的污染物；因此，可以预见，将不至于造成污染、甚至使良田成为废土。26 家工厂，家家如此；因此，都可以根据这种推论，置身事外。

莱特的 NESS 原则，正好可以一矫这些不合情理推论的缺失。NESS 原则，是指造成某种结果的"充分集合里的必要条件"（the necessary element of a sufficient set）。仔细来看，这个原则有两个部分：一是"充分集合"，二是"必要条件"。造成一种结果，通常有很多因素，包括当时的空气、温度、国民所得、物价水平等等。但是，其中有一部分因素，是无关紧要的。譬如，两辆汽车驾驶所穿的衣服，也是造成马匹受惊吓当时的条件之一；但是，衣服无关紧要，换一套结果还是一样。

排除掉这些无关紧要的因素，剩下的就是引发结果的关键因素；而这些关键因素，可能同时有好几套，或好几个组合（several sets）。每一个组合，都足以引发连锁反应，造成最后的结

226

果。每一个组合，就是莱特所谓的"充分集合"。因此，起火的两幢房子、同时命中的两枪、疾驶而过的两辆汽车，都隐含两个"充分集合"；任何一个充分集合，都足以导致事件最后的状态。

在每一个充分集合里，可以检验其中的"必要条件"；有了这一个或这些必要条件，才会形成这个"充分集合"。也就是，在各个充分集合里，可以运用"若非"原则，检视各个条件和所属集合的关联。在两火、两枪、两车的例子里，各有两个充分集合，可以分别引发事端；而在各个充分集合里，各火、各枪、各车，都符合"若非"原则，都是集合成立的必要条件。因此，各火、各枪、各车，都满足 NESS 原则，也就是都符合成事件的因果关系。

另一方面，在26家工厂的事例里，足以使良田变废土的，可能是（譬如说）13家工厂所排放的秽物。因此，有两个"充分集合"，而每一家工厂，都是某一个充分集合里的必要元素。也就是，个别来看，每一家工厂污染的效果微不足道；但是，由 NESS 原则来看，每一家工厂都是导致良田变废土的必要条件，应该对后果负责。

关于莱特的 NESS 原则，有几项优缺点值得强调。首先，是优点的部分。第一个优点，就逻辑的严谨度而言，NESS 原则确实要比"若非"原则和"可预见"原则精密；对于思考法学问题、特别是千奇百怪的官司，NESS 原则有澄清和指引的功能。第二，NESS 的重要特色、也就是莱特的出发点之一，是希望针对各种事实（empirical factors），作平实的分析和推论；他希望讨论因果关系时，能避开主观因素（subjective factors），而停留在客观的范畴

227

（objective domain）里。在这一点上，莱特的确大有斩获；NESS 原则的操作，相当程度地避免了各种主观因素的考虑。

当然，在某种意义上，NESS 的优点，也正隐含了这个原则的缺点。第一，NESS 原则，逻辑严谨；可是，一般人（包括陪审团、律师、法官、乃至经济学者）在面对问题和作出判断时，往往并不是诉之于严谨的逻辑分析。譬如，在帕斯格拉芙太太的官司里，根据 NESS 原则，铁路公司（员工的）行为，确实是"充分集合里的必要条件"；但是，卡多佐法官的"可预见"原则，虽然是以主观判断为准，却成为多数法庭所援用的指标。

第二，在法律上，对于因果关系的讨论，可以分成两部分。第一部分是，在法律上，因果关系成不成立？第二部分是，如果因果关系成立，当事人各该负多少责任？譬如文章一开始提到的例子：鞭炮使驾驶员受惊，冲入人群，造成死伤；听到爱猫过世，猫主心脏病发过世；走在人行道上，不小心被石头绊了一下，手肘撞到路人的头，路人是"蛋壳头"，头壳像蛋壳一般脆弱、因此碎裂和内出血。根据 NESS 原则，这些事件的因果关系都成立；可是，肇事者要负多少责任呢，NESS 原则却帮不上忙。

当然，这种缺失，不只限于 NESS 原则；其余的"若非"原则和"可预见"原则等，也都有类似的缺憾。因果关系成立与否，以及成立时的责任问题，是两回事；NESS 和其他原则，无须（或不应该）承担太多的责任。在某种意义上，确实如此；不过，这也反映了，法学论述不容易一以贯之的特色。对于同一个主题——因果关系——不能以同一种分析架构，作全面而完整的分析。

也许，在这方面，经济分析可以稍有可取之处；对于因果关系和其他众多主题，经济分析都是以"成本效益分析"从一而终！

## 成本效益和因果关系

经济分析本身，就是对因果关系的探讨。最基本的"需求定律"，就是典型的因果关系——若价格上升，则需求量减少；价格上升是因，数量减少是果。还有，各种统计回归，都是在辨认不同变量（不同因素）之间的互动关系。不过，就法学里的因果关系而言，经济分析所能提供的主要考虑，可以由"工具"的角度着眼。工具，是人们为追求福祉所发展出来、所采用的各种方式、手段、做法。对于不同的问题，人们会运用不同的工具；当然，这就隐含了在取舍工具时，会有利弊得失（也就是成本效益）的考虑。"因果关系"的概念，就是人们所发展出来的诸多工具之一；利用这个概念和相关的材料，人们希望能有效地处理某些问题。当然，把因果关系这个概念看成是"工具"，值得稍作说明。

原始社会里，人们凿木生火、结网捕鱼、劈石为刃；凿木结网和劈石，都是在寻找适当的工具。不过，这些都是具体的工具。当人们进一步演化后，会有语言文字；语言文字是见之于外的符号，而这些符号所呼应的概念思维，则是藏在人们脑海里的材料。人们利用语言文字，以及所对应的概念思维，希望能追求福祉。显然，在本质上，概念思维和石刀渔网一样，都是工具。

澄清了工具的意义后，接着可以考虑运用工具时的各种特性。在大自然里，达尔文归纳出"物竞天择，适者生存"的铁律；在经济活动里，经济学者也归纳出类似的体会：人类活动，趋吉避祸、趋利避害。用比较精确的词句描述，就是人们的行为，会反映"成本低、效益高"的特性。原因很简单：同样的成本，效益高比效益低来得好；同样的效益，成本低比成本高好——不但有益于生存与繁衍，而且能更有效地追求自身的福祉。

人们在运用各种有形的资源时，会反映成本效益的考虑；人们在运用其他抽象的概念时，自然而然地也会展现同样的特质。关于"因果关系"的阐释和运用，当然也不例外。具体而言，对于生活里常出现的现象，一般人容易掌握清晰的"因果关系"；一般人，当然包括法律学者、经济学家和法官、检察官。对于生活里少见的经验，一般人不容易有明确的反应；这时候，只好诉之于其他、类似的体验。然后，借着模拟、对照的方式，希望也能有某种程度的掌握。由成本效益的角度来看，这完全合情合理。对于经常出现的经验或现象，在脑海里认知和储存数据，都很容易；也就是，成本很低。可是，对于不常出现或过于曲折复杂的事例，要维持同样反应能力，成本显然很可观。可是，生活里的经验，毕竟不完全是一再地重复或回放。当碰上偶发事件或复杂的情境时，人们除了以模拟和对照来认知之外，也往往会以成本低的方式来处理和因应；譬如，以直觉或拇指法则（rule of thumb）来反应。

把"因果关系"看成工具性的概念，以及由成本效益的角度分析对工具的运用，可以具体地归纳出几点特质。

首先，赫兹利特在《一课经济学》这本书里，提到一个好的经济学者，"除了注意直接的影响之外，会考虑间接的影响；除了注意局部的影响之外，会考虑全面的影响；除了注意短期的影响之外，会考虑长期的影响"。对于因果关系，也可以有类似的体会：除了注意直接的因果关系，还要考虑间接的因果关系；除了注意局部的因果关系，还要考虑全面的因果关系；除了注意短期的因果关系，还要考虑长期的因果关系；除了注意主要的因果关系，还要考虑次要的因果关系；除了注意明显的因果关系，还要考虑隐晦的因果关系。

可是，由成本效益的角度来看，处理直接的、局部的、短期的、主要的、明显的因果关系，成本低；处理间接的、全面的、长期的、次要的、隐晦的因果关系，成本高。根据需求定律"价量反向变动"的观念，成本高的，少处理；成本低的，多处理。所以，在法学里，会自然而然地倾向于处理成本较低的因果关系。卡多佐法官的"可预见"原则，是明显的例子——不可预见的因果关系，对当事人和司法体系而言，处理的成本都很高；所以，最好不要处理。

同样的，两辆车高速蛇行，一辆撞上人，另一辆擦身而过。虽然两辆车的行为几乎无分轩轾，所要承担的法律责任却有天壤之别；一个是过失致死，一个是违规驾驶。由成本效益的角度来看，合情合理；以"事后结果"来处理因果关系，司法成本较低。

事实上，当因果关系成立时，在善后的处理上，也反映了成本效益的考虑。对于常出现的、明确的、直接的、显著的权益，法律习于处理、也比较愿意处理；对于不常出现、模糊的、间接的、隐晦的权益，即使因果关系成立，法律都比较吝于处理——因为不娴熟，所以处理的成本高；成本高，就少处理。利用一些事例，可以清楚说明这种现象：蛋壳头、听到爱猫死而心脏病发死亡、鞭炮吓着驾驶员而冲撞路人、下毒的饮料毒死小偷的朋友等等，在这些事例里，因果关系都成立；但是，就是因为太不寻常、太少见，所以在善后的拿捏上，就不容易有明确的取舍。因为稀有罕见，所以没有风俗习惯或其他的参考坐标可以依恃；对一般人而言如此，对法庭而言也是一样。

当然，比较抽象地考虑，是因为善后难处理（司法成本高），所以可能连带影响对因果关系本身的解读；也就是，因为事后难处理，所以可能在某些事例里，干脆不承认因果关系，以降低司法成本。一个具体的事例可以反映这种考虑：二次大战期间，美国曾经把日裔美国人集中管理。多年后，当年被隔离的日裔美国人和后代子孙，提出告诉：认为美国政府违法，侵犯基本人权。这件史实的因果关系非常明确，但是美国法院拒绝受理。最后，在克林顿总统任内，由国会通过法案补偿受害者，每人得到大约2万美元。这是以政治手段来处理，而不是以司法工具来处理。因此，对于法学里的因果关系，经济分析的第一点重要体会是：因果关系的概念本身，以及操作因果关系，都有成本效益的考虑。

其次，在经济分析的眼中，对因果关系不同的解读，就像采用了不同的游戏规则；而在取舍游戏规则时，重点往往不在于已经发生的事——也就是手上的官司。相反，重点往往在于哪一种游戏规则，会在未来诱发出比较好的行为因应，和导致比较好的结果。因此，在认定眼前官司的因果关系时，法官不妨自问：以

232

"往前看"（forward looking）的观点着眼，如何阐释因果关系较好？

譬如，小偷的朋友喝了下毒的饮料，如果餐厅老板以"不可预见"的理由抗辩，结果成立；那么，以后还会有类似的做法。可是，如果认定餐厅老板有过失，就会遏止别人以后采取类似的做法。同样，认定丢鞭炮的人和汽车驾驶员都有过失，以后进香团不会乱丢鞭炮；以后汽车驾驶员经过类似场合时，会提高警觉，摇上车窗。还有，恶作剧的玩笑，使朋友心脏病发而死；如果以不可预见的理由抗辩成立，以后会继续有不怀善意的玩笑。可是，如果认定无心的笑话也要负责，以后讲笑话时会小心些；或许因此而减少了开玩笑的乐趣，但是也减少了恶作剧所带来的恶果。

另一方面，旅客因火车误点、投宿旅舍、发生大火、遭受损失；在这个例子里，认定因果关系成立、而铁路公司要负责，并不会改变铁路公司的行为。影响铁路公司误点的因素，主要是交通状况、火车的机械状况、天候、突发事件等等。旅客被耽搁而引发的纠纷，如果铁路公司要负责，不会影响铁路公司的营运行为，但是铁路公司会把额外的负担转嫁到一般乘客身上。而且，以后法庭要面对各种奇怪的求偿事件，平白增加司法体系的负荷和司法成本。因此，"往前看"的观点，就不值得承认这种因果关系。

简单地说，对于因果关系，经济分析所能添加的第二点智慧，是"往前看"的视野：在斟酌因果关系时，值得评估不同的解读，对未来的影响有何差别。

再次，延续这个观点：有些官司所涉及的因果关系太过特殊，

233

未来再出现的几率微乎其微；这时候，显然"向前看"没有意义。所以，重点就值得回到"向后看"（backward looking），以妥善处理手上的官司为主要考虑。

在英国历史上，曾经出现过一个特殊案件；虽然马戏团采取了一切防范措施，完全没有过失，但是大象还是意外踩死全英国最矮的侏儒。就因果关系本身而言，马戏团没有任何疏失，因此无须承担这桩意外的责任。但是，法院裁定，即使马戏团没有过失，对于侏儒的家属，马戏团还是要赔偿抚慰。因为，未来再发生类似事件的机会，非常小；即使再发生，还是有很大的空间可以斡旋裁量。因此，未来不重要；当未来不重要时，重要的自然是现在。

简单地说，经济分析对因果关系的第三点启示，是关于极其特殊的事件：因为未来再出现的几率太小，现在处置的方式就有相当大的弹性，而无须受到考虑未来的限制。下面的故事，是一个真实的事例；事例很特殊，牵涉的层面很广，什么是适当的处理方式也令人困扰。


# 奉命行事者无罪？


一个公务员在执行公务时到底要负担什么责任？是"依法行事"和"奉令行事"就够了呢？还是要遵守其他更高层次的律令规范呢？

《时代周刊》最近报道一则发人深省的新闻，想必会激起千千万万读者心里的涟漪：二次大战后，东西方冷战的焦点之一是柏林市。而以一墙为界，东西柏林被分隔成两个截然不同的世界。但是，铁丝网和高墙挡不住东柏林人民对自由的渴望，几十年来有数千人想尽办法，以各种方式挣脱樊篱。为了遏阻"脱逃"，民主德国的守卫受命对企图越墙的同胞"格杀勿论"。如今联邦德国与民主德国合并，过去血泪斑斑的柏林围墙已经变成分块出售的纪念品。可是，那些当初曾经射杀过自己同胞的民主德国守卫他们是不是"犯罪"了呢？

德国法院刚刚完成一审判决：经过查证，一位确实开枪射杀越墙者的守卫被判有罪，处三年半的徒刑！判决的理由是，虽然守卫有执行上级命令的义务，但同时在良心上该受到道德上"更高层次"的戒律所规范。"射杀自己的同胞"显然不是任何一个人良知容许的作为，因此有罪。同案被起诉的守卫被无罪开释，因为他们或是只对空鸣枪警告，或是（故意）射偏而没有造成伤害。

反对这个判决的理由也振振有词：守卫只不过奉令行事，该被定罪的是制定"格杀勿论"这个命令的祸首。更何况，过去几十年里有多少个不知名的守卫开枪射杀过越墙者，为什么只对被认出的这个倒霉鬼判罪？其他的人呢？这似乎只是在宣泄民众对民主德国政权报复的情绪，在满足人性原始残酷的冲动。这么做于事"有"补、"有"济于事吗？这么做对于往者已矣的憾恨，又有多少偿赎的意义呢？

细思这段公案，除了这种种考虑之外，这个问题事实上还可以从更深刻的层面来考虑。

"守卫应服膺比上级命令更高一层、属于良知上的戒律!"这种观点要成立的前提,是人类良知上的戒律是相似的。可是,如果吃民主德国奶水长大的这些年轻人真心真意地相信教条,认为自己是"真理"的守卫者,认为本来就该射杀企图越墙的人。如果这些年轻人纯粹是"尽忠职守"的好青年,那么,他们该因他们的信仰和由信仰所产生的行为被惩罚吗 ——就是因为他们的信仰和其他国度的人不同?这么看来,"人性皆有的良知"这个论点似乎并不是那么有说服力。

　　如果年轻的守卫也认为枪杀自己的同胞是"不对的",但恪于上级命令不得不作,那么问题要简单得多。这时候问题的症结就纯粹是"良知"和"职务",以及"个人力量"与"体制威权"的冲突而已。在这种情形下,守卫又有什么责任呢?

　　诚然,在民主德国整个专政的体制下,这些边境守卫不过是一连串长长的指挥系统下最底层的单位。但是,民主德国专政体制能够维持下去,就是这个指挥体系的"每一个环节"都有效地执行任务。如果其中有一个环节消极地懈怠,整个体系都会受到影响;而且,因为有抵制、有折扣,所以,上级也就不太可能再毫无节制地肆意行事。

　　因此,被判罪守卫的"责任",就在于他既没有积极地反对射杀同胞的命令,也没有消极地射偏或不射。个别的不合作当然作用有限;可是,如果指挥系统上的每一个环节都基于良心的戒律而有所因应,也许"格杀勿论"的命令早就被取消。个人没有尽其所能地"试着"去改善大环境,就等于是在助纣为虐。因此,由这个观点来看,判决"有罪"就不是那么不可思议了!

诺贝尔经济奖得主布坎南曾言：即使在最民主的社会里，在某些方面都还残留着专制独裁的成分。如果我们肯定这句话，也肯定个人对社会这个大环境的责任，我们对于自己周遭的不仁不义，是不是也该有所因应呢？

## 结语

关于因果关系的探讨，法学和经济学有很大的歧异。在经济学里，因果关系是由众多资料中归纳而得；因此，经济学者对因果关系的掌握，主要是一些通则。对于特殊的个案，经济学者能够置喙的极其有限。相形之下，在法学里，因果关系是由个案中抽丝剥茧而出，然后再类推适用到其他案例上。因此，法律学者是由个案中，提炼出通则，再以通则（各种法原则）去处理其他个案。

不过，虽然学科性质使然，法学里和经济学里的因果关系，有些微妙的差异；他山之石，可以攻错出火花和智慧。在这一章里，我尝试由经济分析的角度，为法学里关于因果关系的探讨、添增些许的养分。

主要的见解有两点：首先，关于因果关系，"是否成立"和"成立之后则如何"，是两大问题；在法学里，这两个问题通常是分开处理。在经济分析里，可以利用同一套思维架构，同时处理这两个问题。其次，由经济分析的角度，可以把因果关系这个概念，看成是一种（思维上的）工具；工具的内涵、功能、操作方式、利弊得失等等，自然会受到环境里相关条件的影响。运用工具有成本效益的考虑，运用因果关系这个概念时，当然也是如此。

波斯纳法官曾言："对于公平正义的追求，不能无视其代价!" 同样，在追求明察秋毫和明镜高悬时，也不能无视其代价!

**相关文献:**

（1）Cooter Robert and Ulen, Thomas. *Law and Economics*, 3rd ed., Glenview, Ill.: Scott, Foresman, 1998.

（2）Harris, J. W. *Legal Philosophies*, 2nd edn., London: Butterworths, 1997.

（3）Hazlitt, Henry. *Economics in One Lesson*, New York: Arlington House, 1979.

（4）Kaufman, Andrew L. *Cardozo*, Cambridge, MA: Harvard University Press, 1998.

（5）Owen, David G. ed. *Philosophical Foundations of Tort Law*, Oxford: Oxford University Press, 1995.

（6）Posner, Richard A. *Cardozo: A Study in Reputation*, Chicago: University of Chicago Press, 1990.

（7）*Economic Analysis of Law*, 5th ed., New York: Aspen Law & Business, 1998.

（8）Wright, Richard W. "Once More into the Bramble Bush: Duty, Causal Contribution, and the Extent of Legal Responsibility", *Vanderbilt Law Review*, Vol. 53, No. 3, pp. 10711132, 2001.

# 第十二章

## 法学和经济学的对话

正义和效率都是人们在演化过程里为了生存和繁衍所发展出来的概念。连接了它们，也就连接了法学和经济学。

波斯纳法官曾经写过一本书，书名为《法学和文学》（*Law and Literature*）。书出之后，广受好评；我买到的版本，已经是第一版平装本的再版。

在书的前言里，波氏开宗明义，阐明书名的意义。一方面，在文学和艺术里，有太多的情节都和法律有关。譬如，莎士比亚的剧本里，《威尼斯商人》的故事扣人心弦，就是关于债务纠纷的曲折；还有，著名的电视影集《法网恢恢》，男主角是一位遭人构陷的医生。类似的例子，不胜枚举。因此，文学作品里的法律问题，是值得探讨的材料。另一方面，司法的运作，有很多部分和文学密不可分。诉讼的文件、双方的辩论、律师的挥洒、乃至于判决书的转折起伏，都充满了修辞、论述、揣摩、想象、暗示、隐喻的空间。因此，由文学的角度来审视和检验司法活动，显然可以为法学研究添增许多养分。

不过，如果"法学和文学"像是一朵绽放的鲜花，"法学和经济学"（Law and Economics）——也就是"法律经济学"或"法律的经济分析"——可就是一望无际、美不胜收的花海。在深度和广度上，经济学和法学的关联，已经远远超出其他学科和法学的互动。在这一章里，我将针对经济学和法学里的两个核心概念——"效率"和"正义"——尝试说明经济学和法学的关联，以及法律经济学成为当今显学之一的原因。

我所要描述的故事，主轴其实很简单，值得先交代清楚。要阐明正义和效率的关联，可以把人类历史分成三部曲：因为环境里的条件使然，因此在第一部曲里，只有"正义"的概念，而几乎没有"效率"的踪影。在第二部曲里，"正义"和"效率"的概念，并行不悖。在第三部曲里，由"效率"的角度阐释"正义"，可能是最好、最合乎正义的做法！

## 切割历史

在《权力的剖析》（*The Anatomy of Power*）这本书里，作者加尔布雷斯把权力分为三类：惩罚、补偿和说服（condign, compensatory, and conditioned powers）。在人类历史的各个阶段里，这三种权力的表现形式和内涵，都有明显的差别。在《21世纪资本主义》这本书里，作者海尔布伦纳则是把人类历史分为三个阶段：传统、封建和现代（traditional, command, and modern societies）。各个阶段里，一般人生活的形式和内涵，也大不相同。

可见，划分人类历史，有很多种方式：依作者目的和著作重点上的差别，可以作适当的切割。在这篇文章里，我的目的是要阐明正义和效率、也就是法律和经济的联结。为了凸显这个主题，我把人类历史分成三个阶段：原始社会、传统社会、工商业社会（primitive, traditional and industrial societies）。

在这三种社会里，人们所面对的问题，有明显的歧异；反映在"正义"这个概念上，当然也就各有所重。面对不同的问题，采取不同的工具，以发挥不同的效果；在观念上，这个道理很浅显。

## 第一部曲：原始社会

原始社会开始的时间，很难界定；但是，原始社会结束的时刻，却相对清楚。当人类发展农业、进入农业社会、并且以农业为主要生活方式之后，原始社会就画下句号，走入历史。

原始社会的生活方式，大致上是以狩猎为主，也可能有一部分的游牧；基本上，已经采取群居的生活形态。原始社会的特色，有很多：群居的人数不太多，人们对大自然的了解和掌握很有限；彼此所拥有的资源也很贫瘠，手里的工具也不多；人际关系简单，可能散居在一个小环境里。不过，无论是狩猎、游牧或其他生活

243

方式，原始社会显然面对两个大问题：生存（survival）以及和平共存（peaceful coexistence）。生存，主要是相对于自然环境；和平共存，主要是相对于彼此。

生存，是人类所要面对的永恒考验。但是，在原始社会里，人类刚褪去猿猴的外衣不久；即使已经挣脱和其他物种的竞争，还是要面对大自然严苛的试炼。而且，人的能力渺小脆弱，对环境的掌握又很有限。因此，生存，依然是统摄一切的最重要考虑。其次，群居的生活形态，意味着人们共同面对周遭的环境，一起解决生产、消费、储蓄、保险等等问题。因此，在共同生活里，自然而然会有摩擦、冲突、纠纷；还有意外、误会、图谋，也都会导致是非。如果不处理这些问题，群居的人无法和平共存；轻则纷扰终日，重则伤害到彼此的生存。

简单地说，在原始社会里，当然也有法律问题，而处理这些问题，显然会受到当时环境里条件的限制。考虑当时的主客观条件，有两点值得强调：首先，"正义"的概念，会自然而然地发展而出。因为要和平共存和繁衍下去，所以必须处理各式纷争。而由处理各式各样的纠纷里，人们逐渐发展出正义的概念；正义，是人们自己琢磨出来的体会，而不是天上掉下来的赏赐或先圣先哲的开示——先圣先哲本身是一种奢侈品，而在原始社会里，只有必需品。

其次，在原始社会里，操作"正义"的主要驱动力，是"成本"的考虑。因为资源匮乏，因为人对环境的掌握力有限，因此只需要有原始、粗糙、简单的"正义"。无论是在程序或实质上，都是以成本低的方式来因应。譬如，以"完全责任"（strict

244

liability）来处理意外或纠纷，是最省事明快的方式；因为需要搜集的信息最少，需要检验判断的证据也最少，需要执行的事项也最少。还有，原始社会里，通常是采取"连带责任"（shared responsibilities）；有血缘关系的人，对彼此的行为荣辱与共。在小环境里，连带责任有事前兴利（避免纠纷）的特性，又有事后除弊（化解纠纷）的特质。因此，能有效地处理各种纷争。

无论是连带责任或完全责任，以及其他的正义概念，都可以由"成本"的角度，作合情合理的解释。对原始社会来说，无论是维生或和平共存，都会以成本最小的方式来处理。在物质条件困窘的环境里，如果能节约资源，自然有助于生存和繁衍。成本，当然是经济学的重要概念之一。而由成本的角度能有效解读原始社会的正义，证明了经济分析应用范围确实广阔。波斯纳的论文《原始社会的经济解释》（*An Economic Theory of Primitive Society*），成为法律经济学的经典之一，可以说有以致之。

不过，波氏的论文，也引发了一些相关的思维。首先，在思索原始社会的法律问题时，"成本"的概念可以提供一个明确的脉络；然而，在经济学里，成本低隐含效率高，但是"成本"并不等于"效率"。"效率"，是经济活动大幅度增加之后，才发展出的概念。在原始社会里，经济活动很简单，效率的概念还没有出现。以成本的概念解读原始社会，平实自然；以效率的概念解读原始社会，未免牵强。

其次，正义的概念，主要是处理已经发生的问题，也就是具有一种"事后"（ex post）的性质。杀人者死、完全责任、连带责任等等，都是关于纠纷发生之后，如何处置的方式。相形之下，在经济活动里，买卖交易的特质，并不是事后的除弊或善后，而是在于兴利。因此，至少在原始社会里，效率的概念，所能发挥的空间很有限。

最后一点，"公平"（fairness）的概念，和正义的概念，有交集，但是并不完全相等。公平，可以隐含事前的意义。譬如，部落里的男生，每个人都可以追求酋长的女儿；这是公平，不是正义。另一方面，公平也可以隐含事后的意义。譬如，狩猎得来的收获，平均分给每一个参加狩猎的人；这主要是公平，不是正义。由此可见，"正义"的概念，主要是由除弊所发展而来；因为在事后要处理已经发生的纠纷、意外、伤害，所以会发展出一些相关的做法，以及这些做法所隐含的抽象概念。

总结一下，原始社会里，也有各式各样的法律问题；因为主客观条件上的特性，正义的内涵和形式，都是以低成本的方式来运作。

## 第二部曲：传统社会

人类历史的第二阶段，是以农牧为主的传统社会。这个阶段，始于原始社会的结束，终于工业革命的发轫。

传统社会里的特色，可以和之前的原始社会及之后的工商业社会作一对照。在原始社会里，主导的力量是大自然；在工商业社会里，经济活动是主角，但是背后的驱动力则是科技的发展。在大自然和科技条件之间，就是人类自己；而在传统社会里，决定荣枯的，事实上就是这个因素。在诺贝尔奖得主诺斯的大作《西方世界的崛起》里，他对欧洲大陆的描述，可以说是自然生动而精确深刻。

在 16 世纪以前，欧洲大陆的荣枯仿佛是被一种宿命论式的循环所支配；而"人口数的多寡"则是主导这些循环的唯一因素：在当时以农业为主的经济体系里，人口持续的增加之后，原有的耕地不敷使用。所以，较偏远的土地会逐渐被开垦生产，但是这些次等耕地的生产力较差。因此，伴随着人口增加的，是每个人的平均所得下降。平均所得下降隐含的是生活质量较差。每个人能摄取的养分慢慢减少，人的抵抗力也因而下降。因此，人口密度上升加上抵抗力减弱，刚好就为饥荒、瘟疫、战祸、革命等天灾人祸提供最有利的条件。

当几十年、甚至上百年的饥荒、瘟疫和战乱扫除了大量的人口之后，另一个循环从此展开：人口减少之后，可以放弃较差的土地，农业生产力上升，每人实质所得增加，营养改善，人口开始膨胀——一直到下一次大自然再作无情的淘汰为止。人，挣脱不了自然条件的束缚。

在这种传统社会里，正义和效率的微妙关系，可以借着一件有名的官司来说明。牛津大学的易伯生教授（David Ibbetson），在 2001 年升为民法讲座教授之后，发表三次演讲；演讲的主题，就是围绕着这个官司——"帕拉丁诉简"（Paradine v. Jane）。

1640 年左右，帕拉丁把一块农地租给简；契约里载明，地租每年分成四次缴，都是以各季的节庆为准。契约生效后不久，德国鲁珀特王子（Prince Rupert），率军入侵英国。简所租的农地，先是成为大军压境的战场，然后变成王子的军营所在。前后有三年的时间，简束手无策，无从耕种营生。因此，他拒缴地租；地主帕拉丁，诉之于法。

英皇法庭作出判决，原告地主帕拉丁胜诉，承租人简必须缴纳地租。判决里的理由，主要有以下两点：第一，即使是战乱，使简无从耕种收益；但是，契约里只列明他租地、要付地租，可是并没有除外或但书的约定。因此，契约里没有载明的权益，法律无从保障（the law would not protect him beyond his own agreement）。第二，在签约时，地主并没有以胁迫或威吓的方式，造成简不得不租。因此，地主在契约里的权益，应当受到保障。

由"正义"的角度来看，这个判决可能有相当的争议。既然承租人迫于情势，事实上无法耕种，而且责任不在他；因此，强要他依约缴租，并不合理。而且，承租人在经济上通常是弱势；济弱扶贫，比较合乎正义的理念。不过，由"效率"的角度来解读，这个判决隐含许多正面的意义。

首先，在这件官司里，承租人遭受意外损失；但是，在其他的事例里，承租人可能得到意外的利益（譬如，天候特佳、风调雨顺，有罕见的丰收；或者，英国其他地方干旱，市场缺粮，所以承租人大发利市）。可是，在这些情况下，承租人无须多缴租金。因此，租约本身就含有不确定性、有某种程度的风险，值得由承租人一体承受、不分利害。如果承租人不愿意承担风险，可以在签约时载明；当然，让承租人担负的风险愈小，表示出租人所要承担的风险愈高，租金自然也会相对提高。租金的高低，本身就和风险分摊有关。

其次，契约如同买卖，双方互蒙其利。契约一旦履行，双方都可以在契约完成的基础上，进行下一波的经济活动，创造出更多的资源和财富。在这件官司里，如果可以不付租金，那么受到损失的不只是承租人（无法耕种收益）；地主本身毫无过失，却也受到拖累。相反，如果承租人要付租金，至少地主由契约中得到利益，可以进行下一波的生产性活动。因此，与其两者皆输，不如一输一赢，也就是少输多赢。

最后，很重要的一点，是司法成本的问题。如果承租人简胜诉，以后他和其他承租人，在签约时，不会多小心、预为之计。而且，如果这个理由成立，其他各式各样的理由也会纷沓而至；当法庭面对千奇百怪不履约的理由，要如何判断哪些合理哪些不合理？不论合理与否，显然都要耗用可贵的司法资源。可是，如果判决承租人简败诉，他和其他的承租人，以后会仔细琢磨契约里的各种条款；对于未来的签约双方，将产生积极正面的宣示效果。而且，这么一来，未来的官司会因而减少；法官也无须以人为神，为稀奇古怪的抗辩理由伤神。

因此，就这件官司本身而言，判决承租人简要付地租，可能令人觉得不近情理，也就是违反一般人直觉上的正义理念。但是，一旦把时间拉长，考虑社会长远的利益；无论在实质正义和程序正义上，都有不同的含义。而且，往前看（forwarding）、重复博弈（repeated game）、长远利益（long-term interest）的概念，显然都掺有"效率"的成分，而不只是单纯的正义而已。

总而言之，在传统社会里，随着经济活动逐渐频繁，"正义"的内涵里，已经自然而然地渗入了"效率"的成分。

## 第三部曲：工商业社会

近代的工商业社会，是由 18 世纪的工业革命揭起序幕；然后，科技上一连串的发明，使人类逐渐挣脱大自然和人口的束缚。在某种意义上，"天空才是极限"（sky is the limit），反映了这个阶段里人类的信心和对未来的憧憬。

工业革命之后，在人类社会里还是有绵延不断的冲突、战祸；大自然所带来的灾害，还是造成某些地区重大的损失；区域之间发展速度不同，使得很多区域还是在贫穷和匮乏里挣扎。但是，这一切都无损于工业革命对人类造成的巨变。地球上的人口快速增加，死亡率下降，都市化所涵盖的人口和区域愈来愈可观；而且，已经有相当的人口，享受了高度的物质文明。和原始社会以及传统社会相比，工商业社会相去真是不可以千万里计。

当然，形成巨变的驱动力，是工业革命彻底地改变了生产方式；机器取代人力兽力，而且使大量生产成为可能，而量产又诱发出一连串的连锁反应。量产使产品价格下降，交易量上升，利润增加，产能扩大，就业增加，所得上升，消费能力提升，企业家又开发出更多的消费品，市场扩大……通过经济活动，工业革命带来滚雪球般的效应；工业革命释放出巨大的能量，而经济活动则是把那股能量转化成各式各样的可能性。经济活动，已经成为主导社会发展轨迹的力量。

在这种背景下，经济活动所产生的纠纷，以及经济活动所隐含的思维，当然会不断地充填"正义"这个名词。就像在原始社会里，正义的内涵会受到当时环境条件的雕塑；同样，在以经济活动为中心的时代里，正义的内涵也会受到类似的塑造。艾普斯坦（Richard Epstein）教授的一篇论著，可以作为适当的脚注。

艾普斯坦是芝加哥法学院的讲座教授，受传统法学训练；他早期的论著，对经济分析持排斥否定的态度。但是，慢慢地，他觉察到经济分析的优点，最后终于觉今是而昨非、立地成佛。在1993 年，他发表的一篇论文，题目是《拿乔、外部性和单一主人：对科斯再致敬礼》（*Holdouts*, *Externalities*, *and the Single Owner*: *One More Salute to Ronald Coase*）。

根据科斯定理，当双方发生冲突时（上游的工厂污染了下游的工厂），可以利用"单一主人"的概念。假设上下游工厂的主人因相爱而结婚，或上下游工厂由同一主人所拥有；那么，两者的利益不再彼此冲突。这时候，就找出最适当的做法，使结合之后的利益愈大愈好。

可是，艾普斯坦以"越界侵占"（encroachment）为例，说明"单一主人"的技巧有其限度。两地相邻，其中之一在建筑时，不小心越界侵占邻居的土地，而且可能只有几公分。要拆掉房子重建，显然大费周章。那么，依"单一主人"的思维，如果两地为同一主人所有，自然容许或原谅无心之过；无须拆屋，但是越界者要提出适当赔偿。可是，在实际的案里，一旦有越界侵占，法院通常要求"恢复原状"。迫使越界者主动和邻居协商，取得同意；有时候要付出可观的代价，甚至可能真的要拆掉重建。因此，艾普斯坦论证，越界建筑的事例，说明科斯定理有其局限，这也同时是以经济分析研究法学问题的极限。

然而，艾普斯坦对经济分析的了解，毕竟稍欠火候。单一主人的思维方式，不只注意短期的利益，更会考虑长远的利益。因此，如果容许侵占、要求补偿，这等于是放出讯号：所有相依为邻的地主，都可以先占邻地，再补偿了事。长远来看，这当然不是好的处置方式。要求越界者恢复原状，才能形成适当的诱因，使长期的利益得以实现。因此，艾普斯坦对经济分析的阐释，不够深入；对问题的分析，也有欠周详。当然，更重要的，是越界侵占这个法律问题和裁决，隐含微妙但含义深远的意义。

首先，针对已经发生的越界侵占，"恢复原状"的成本很高；相形之下，"就地合法、赔偿了事"，是成本最低的方式。但是，追求短期眼前的利益，却会伤害长期未来的利益。着眼于长远的利益，有时候就值得牺牲眼前的利益。而长期和未来的利益，和"正义"这个概念的连接比较模糊，但是却能和"效率"这个概念直接呼应。

其次，越界侵占的人和被侵占的人，在经济或其他条件上，并不必然有高下强弱之分；所以，法庭在斟酌时，无须面对"平衡"、"矫正"等等考虑，而只要针对事件本身来斟酌损益；采取哪一种判决，长远来看比较有意义？也就是，在思索越界侵占这个问题时，当事人的身份、社会地位、经济状况等等因素，都无关紧要，都不是考虑的重点；这些因素，都可以退居幕后。法庭所要取舍的，是这个问题在时空中的意义。手上的官司，只是启发思维的引子而已；一旦抽象地考虑到这个问题在时空中的意义，

252

显然已经超越了正义原始的含义。

再次，在原始社会里，操作正义这个概念时，成本的考虑非常重要，因为资源非常匮乏。在传统社会里，帕拉丁和简的租地纠纷，法庭是以契约本身为思维重点：地主帕拉丁没有违约，承租人简没有事前提出除外条款。因此，契约本身，提供了裁判时明确的基准点。契约里有什么，就是什么。法律的功能，是在于保障契约的践履。但是，在越界侵占的事例里，恢复原状和就地合法是两个明显的基准点；由正义的角度看，并没有明白的高下。可是，一旦采取效率的观点，考虑长远的利益，高下立判——恢复原状较好！

最后，由效率来充填正义的内涵（justice as efficiency），使正义的意义非常清晰。正义，就是长远来看，能诱发出好的作为、好的价值、创造出更多资源的那种做法。至于哪些作为能产生这种效果，就是由人的实际活动中萃取智慧。当经济活动成为人类社会的重心，当市场的规模愈来愈大，"效率"的概念自然衍生而出；比较有效率，同时意味着比较好，比较理想。因此，由效率来定义"正义"、或由效率来阐释"正义"，不仅使正义的内涵更为清楚明确，而且也呼应环境里的相关条件——就像在原始社会里，正义的内涵和形式都和成本密不可分一样！

简单地说，越界建筑的事例，不但没有凸显经济分析的窘困，事实上正好证明经济分析的优点所在。在思索法律问题时，经济分析会利用经济活动所透露出的逻辑和思维，以及由经济活动中萃取出的智慧；以这些材料为依据，作为最后取舍的依据。毕竟，"正义"的概念，是要用来处理实际问题；以人类的实际行为作为坐标，要比以抽象的道德哲学为坐标，务实可靠得多！

会抓老鼠的猫，才是好猫；在以经济活动为主导力量的世界里，道德哲学能够逮住的老鼠极其有限。

## 回顾和启示

在前面几节里，我分别描述了人类历史上的三个阶段，以及"正义"和"效率"的阶段性内涵。这个论述过程，值得稍作回顾，并且试着萃取其中的意义。

在原始社会里，人类面对最大的考验，是求生存；对于生活中的纠纷，会寻求以低成本的方式来处理。在传统社会里，人们在大致稳定和熟稔的环境里，试着通过经济活动发展出互惠的交易网络。"正义"的内涵，已经开始有"效率"的考虑。工业革命之后，人类的经济活动，渐渐成为主导社会脉动的力量；在经济活动中所强调的"效率"，也自然而然地变成规范人际互动的主要原则。由效率来解读正义，可能最符合环境里的需要和人们的期许。因此，在这个三部曲里，牵涉到"成本"、"效率"和"正义"这三个概念。关于成本和效率，以及这两个概念之间的差别，值得仔细推敲。

首先，成本反映的是，为了追求或实现任何目标、所需要承担的代价。譬如，希望市容整洁，要动用人力物力来清扫维护；渴望事业成功，要投入可观的精神和心力。无论是追求任何价值，都要付出具体或抽象的资源。正义，是众多价值之一；对于正义的求取，显然也有成本的考虑。

其次，既然追求任何价值，都有对应的代价；换一种说法，就是成本也可以反映在许多不同的价值里。譬如，少小不努力，老大徒伤悲；伤悲，是一种情感上的成本。或者，树欲静而风不止，子欲养而亲不在；歉疚和罪恶感，是一种心理上的成本。几乎在任何一种价值里（真善美、诚实勤劳节俭、公平正义等等），都隐含着对应的成本。再次，既然真善美等各种价值，早就存在于人类社会；因此，所对应的成本概念，也有同样悠久的历史。"省事"、"方便"等等用语，都婉转地表达了成本的概念。成本，和人类活动密不可分。人类的历史有多久远，成本存在的岁月就有多漫长。

相形之下，效率的概念，不过是近几百年来的产物；在工业革命之后，大规模生产逐渐出现；经济活动的程度和范围，大幅度地增加，通过市场交换的财货服务，在数量和金额上，远远不是原始社会或传统社会里的人所能想象。关于效率，经济学者一致赞同的定义，是"帕累托效率"（Pareto efficiency）。这个定义，有两个部分：如果由 A 变为 B，不会伤害任何一个人；但是，却能使一个或一个以上的人，得到好处。那么，由 A 变为 B，就符合"帕累托条件"（Pareto improvement）。

就事论事，推展任何公共政策，很难满足帕累托条件。因为，要不伤害任何一个人，几乎无法想象。不过，如果放弃了帕累托条件，就隐含至少有一个或一个以上的人会受到伤害；那么，这个人所受的伤害，一定小于其他人得到的好处吗？把比尔·盖茨的钱充公，平分给其他人，以造福苍生，好吗？可以吗？因此，为了避免触及这种难题，在考虑效率时，经济学者以帕累托条件为底线。

可是，一旦讨论到实际的问题，帕累托所定的效率，事实上没有操作的空间。因此，经济学者往往退而求其次，以其他的方式来界定"效率"。譬如，科斯是以"社会产值最大化"反映效率；波斯纳法官，则是以"财富最大化"的概念，反映效率。

以"社会产值最大化"或"财富最大化"的想法，来充填"效率"这个概念，有几点重要的涵义。第一，无论是产值或财富，基本上都是以金钱和货币来衡量。金钱和货币所衡量的价值，是很特别的一种价值，而且是真善美等诸多价值中的一种。也就是说，效率通常和金钱货币联结在一起，而和其他的价值没有牵扯。这和"成本"的情形，显然大不相同。第二，金钱和货币，当然主要和经济活动密不可分。效率和金钱货币关系密切，也就隐含着和经济活动关系密切。可是，人类历史上，金钱货币已经存在几千年；为什么"效率"的字眼，在工业革命之后才逐渐风行，成为日常用语的一部分呢？

因为，工业革命之后，人们逐渐可以通过掌握科技，而开展各种可能性。人们的考虑，不再是"以最小的成本，达到设定的目标"；取而代之的是，如何以同样的能源，发挥最大的效能？效率，隐含了更高、更远、更快、更大的企图和目标；同时，也隐含了以有形和有限的资源，去探索和实现无限的可能。粗糙地说，成本意味着"除弊"，而"效率"则反映着"兴利"。除弊，是在既有的框架里斟酌损益；兴利，则是挣脱既有的框架，攫取梦想里的果实。第三，成本和效率的对照，也凸显了守成和开创的差别。成本的概念，通常反映着目标既定、节约人力物力等资源。效率的概念，则透露出对更多、更大的追求。因此，效率隐含着"向前看"的视野；也就是以手中的资源，创造最可观的未来。

一个例子，可以反映成本和效率之间微妙的曲折。一公升汽油能跑多远的路？这是各大汽车厂研发新的车型时，念念不忘的考虑；在激烈的竞争下，每公升里程数不断攀升。在描述这个事例时，一般人会用"效率"的字眼，但是不会由成本来解释。

可是，换一种描述方式，成本的概念就跃然而出：跑一公里，最少的汽油是多少？然而，即使是一体的两面，是对于同一件事的两种描绘方式，可是这个事例也透露了，成本和效率的着重点不同。

效率，是放眼于追求未定的、不可知的果实；成本，是盯住手里的资源，小心翼翼。因此，科斯的产值最大化和波斯纳的财富最大化，都是着重在攫取和实现潜在的利益。当然，什么是"最大化"，谁也不清楚，因为未来有各种的可能性；但是，这两个概念，都凸显了效率"向前看"的特质。可见，产值最大化和财富最大化的概念，会成为衡量效率的尺度，会成为经济分析的重要工具；效率，会在工业革命之后，成为重要的日常用语；这些，都不是偶然。

在第三部曲里，是由效率的角度来解读正义。由这个角度来阐释正义，主要有两层含义。一方面，对于"正义"的实质内涵及演变，提出一种合情合理的解释；使正义的内容更为丰富，也强化了正义的重要性和必要性。另一方面，对于正义和效率的关联（也就是法学和经济学的关联），由人类历史中建立起自然而然的呼应；这可以使法学有更扎实的理论基础，也扩展了法学所能汲取养分的泉源。

具体而言，经济分析自许为实证科学，以实际的社会现象为材料，有严谨的行为理论为基论。经由前面的联结，法学核心的"正义"，不只可以得到经济分析的支持，而且可以完完全全享用经济分析一以贯之、所向披靡的火力。法学，可以不再立基于想当然、一厢情愿式的道德哲学，而是以经过试炼的行为理论为依恃和靠山。而且，行为理论，是由人的实际行为归纳得出；因此，在面对日新月异的新生事物时，法学不再会有捉襟见肘、以抽象的规范性概念来应战的窘境。利用过去的行为中所归纳出的智慧结晶，至少能对新生事物作适当的延伸和比拟。

抽象地来看，这表示正义的内涵，随着时空条件的改变而与时俱进。"正义"，是人们为了处理某些问题所发展出的工具；在不同的环境里，这个工具的名称一直被保留下来——因为一直有同样或类似的问题需要处理——但是，名称底下的实质内容，却被充填了不同的材料，因而雕塑出不同的样貌。

简单地说，由人类历史的过程，建立"正义"和"效率"的关联；比较顺其自然，也比较合情合理，比较有说服力。

# 结论

在这一章里，我尝试搭建起"效率"和"正义"之间的桥梁；如果能在效率和正义之间建立明确的关联，自然也就意味着经济学和法学之间有同样密切的关系。

前面的论述，有几个层次。第一个层次，我把人类历史粗分为三个阶段：原始社会、传统社会和工商业社会。各个阶段里，都要处理人间的纠纷和冲突；但是，各个阶段的条件不同，法律的着重点也就不同。

第二个层次，我以"正义"为主轴，指出这个概念在不同阶段里不同的意义。在原始社会里，实现正义的最大考虑，是设法降低成本。在传统社会里，随着商业活动的开展，效率的考虑渐渐渗入正义的内涵。在工商业社会里，经济活动成为主导社会脉动的力量；效率以及"往前看"的特性，明显地赋予正义许多实质、可以操作的内涵。

第三个层次，是论述"所透露"、"意在言外"的意义。既然在不同的阶段里，正义被赋予、充填不同的内涵；这表示"正义"确实是一种工具性的概念，而不是目的本身。人类需要"正义"这个概念（这个工具），以处理某些问题；当时空条件不同时，自然需要不同的工具。由这种角度来认知正义，不但比较平实，而且隐含非常积极和正面的意义。法学研究者，值得体会正义的阶段性功能，并且尝试捕捉正义最适当的内涵。

一言以蔽之，正义和效率都是人们在演化过程里，为了生存和繁衍所发展出来的概念。连接了正义和效率，也就连接了法学和经济学！

**相关文献：**

（1）Epstein, Richard A. "Holdouts, Externalities, and the Single Owner: One More Salute to Ronald Coase", *Journal of law and Economics*, Vol. 36, pp. 553–594, 1993.

（2）Galbraith, John Kenneth. *The Anatomy of Power*, Boston: Houghton Mifflin Company, 1983.

（3）Heilbroner, Robert L. *21st Century Capitalism*, New York: Norton, 1993.

（4）Ibbetson, David. *A Historical Introduction to the Law of Obligations*, Oxford: Oxford University Press, 1999.

（5）North, Douglass C. *The Rise of the Western World*, Cambridge: Cambridge University Press, 1973.

（6）Posner, Richard A. "A Theory of Primitive Society with Special Reference to Law", *Journal of Law and Economics*, Vol. 23, No. 1, pp. 1–53, 1980.

（7）Posner, Richard A. *Law and Literature*, Cambridge, MA: Harvard University Press, 1988.

（8）Smith, John. *A Casebook on Contract*, 10th ed., London: Sweet & Maxwell, 1997.

# 东方知行社 · 书目

熊秉元:《正义的成本:当法律遇上经济学》
熊秉元:《解释的工具:生活中的经济学原理》
熊秉元:《优雅的理性:用经济学的眼光看世界》

郎咸平:《"新政"能否改变中国》
郎咸平:《公司治理:郎咸平学术文集》(增补版)
郎咸平:《让人头疼的热点》
郎咸平:《中国经济到了最危险的边缘》

[日]稻盛和夫:《人的本质》
[日]稻盛和夫:《德与正义》
[日]稻盛和夫:《领导者的资质》
[日]稻盛和夫:《利他》
[日]稻盛和夫:《向哲学回归》
[日]稻盛和夫:《话说新哲学》

傅佩荣:《柏拉图哲学》
傅佩荣:《荒谬之外:加缪思想研究》
傅佩荣:《朱熹错了:评朱注四书》
傅佩荣:《孔子辞典》

凤凰财经:《新政如何改变生活》
凤凰财经:《改革是最大政策》
文贯中:《吾民无地》
贺雪峰:《城市化的中国道路》
贺雪峰:《回乡记》
高连奎:《一个经济学家的醒悟》

刘军宁:《天堂茶话》
刘军宁:《保守主义》
徐迅:《陈寅恪与柳如是》
王小妮:《1966 年》
高昱:《人民需要放鞭炮》

……

策 划 人：吴玉萍

责任策划：黄晓玉　李治华

产品经理：张军平

责任编辑：黄晓玉　张军平

责任审读：刘淑芹

统　　筹：吴玉萍

封面设计：谷　田

责任营销：高玉梅　010-65210049

投稿信箱：dfyxpress@126.com

东方知行社

知一半，行一半；
看一书，走一程。

为思想寻找市场，为您提供有价值的阅读

东方知行社豆瓣小站：东方知行社（http://site.douban.com/224251/）

东方知行社微博：东方知行（http://weibo.com/rmdfcbs）

东方知行社公共微信平台：东方知行社

**图书在版编目（CIP）数据**

正义的成本：当法律遇上经济学 / 熊秉元 著. —北京：东方出版社，2013.8

ISBN 978 - 7 - 5060 - 6772 - 0

Ⅰ. ①正…　Ⅱ. ①熊…　Ⅲ. ①法学–经济学–研究　Ⅳ. ①D90–059

中国版本图书馆 CIP 数据核字（2013）第 191803 号

**正义的成本：当法律遇上经济学**
（ZHENGYI DE CHENGBEN DANG FALÜ YUSHANG JINGJIXUE）

作　　者：熊秉元
责任编辑：黄晓玉　张军平
出　　版：东方出版社
发　　行：人民东方出版传媒有限公司
地　　址：北京市东城区朝阳门内大街 166 号
邮政编码：100706
印　　刷：北京次渠印刷包装有限公司
版　　次：2014 年 5 月第 1 版
印　　次：2015 年 1 月第 3 次印刷
印　　数：13 001—18 000 册
开　　本：880 毫米×1230 毫米　1/32
印　　张：8.625
字　　数：185 千字
书　　号：ISBN 978 - 7 - 5060 - 6772 - 0
定　　价：45.00 元
发行电话：(010) 64258117　64258115　64258112